温州现代农业职业教育与乡村文化生态建设研究创新团队

农村产业化与创业型职业农民培育

谢志远　张呈念　高春娟 ◎ 著

Rural Industrialization and Cultivation of Entrepreneurial Professional Farmers

上海财经大学出版社

图书在版编目(CIP)数据

农村产业化与创业型职业农民培育/谢志远,张呈念,高春娟著. —上海:上海财经大学出版社,2020.10
ISBN 978-7-5642-3655-7/F・3655

Ⅰ.①农… Ⅱ.①谢…②张…③高… Ⅲ.①农村产业化-研究-中国 ②农民教育-职业教育-研究-中国 Ⅳ.①F320.1 ②G725

中国版本图书馆 CIP 数据核字(2020)第 177057 号

□ 责任编辑 杨 闯
□ 封面设计 贺加贝

农村产业化与创业型职业农民培育

谢志远 张呈念 高春娟 著

上海财经大学出版社出版发行
(上海市中山北一路 369 号 邮编 200083)
网 址:http://www.sufep.com
电子邮箱:webmaster @ sufep.com
全国新华书店经销
江苏凤凰数码印务有限公司印刷装订
2020 年 10 月第 1 版 2020 年 10 月第 1 次印刷

710mm×1000mm 1/16 11.75 印张(插页:2) 185 千字
定价:58.00 元

目　录

第一篇　创业型职业农民的概念及理论研究

第二篇　创业型职业农民培育的案例及实践

第三篇　创业型职业农民创业个案研究

第一篇

创业型职业农民的概念及理论研究

第一章

创业型职业农民发展沿革

中国是一个有着 4 000 年农耕文明史的农业大国。作为我国最古老的职业之一,农民在我国经济社会发展过程中发挥着至关重要的作用。随着经济发展和社会进步,农民的职业身份和社会地位也逐渐发生变化。从过去进城务工到如今返乡种田,从解决温饱到提升生活品质,爱农业、懂技术、善经营成为当前农民职业化的“新标签”,作为乡村新业态创造的先行者、科技兴农成果转化的引领者、新农业经营主体的实践者,具备专门知识、专业技能和创业精神的新型“职业农民”在农业领域中开拓进取、勇于创新、刻苦钻研,进行技术革新和管理改革,同时将互联网等新兴技术融入自身发展,形成了充满智慧和活力的新群体,为乡村振兴战略的深入实施和农业产业化发展注入了强大动力。

第一节　农业产业化进程与职业农民培训的联系

农业产业化(Agriculture Industrialization)是传统农业向现代农业迈进的升级过程,是农业生产力和市场经济高度发展的必然产物。作为一种现代化农业生产经营组织方式,从本质上看,农业产业化是一种新的经营体制。近年来,我国各地都在逐步开展农业产业化经营探索与实践,相应的理论研究也日益成熟。与传统农业生产方式和经营方式相比,农业产业化进程是农业先进生产力的发展要求，是促进农业和农村经济结构战略调整的现实选择，是促使传统农业走向现代农业的必由之路，是农业从粗放性经营走向集约性经营的主要转换方式，也是工农业由不平衡发展到平衡发展的载体，对于促进农民增收、生产效率提升、推动农业体制转变、全面振兴农村经济和加速农业现代化进程具有重大的历史和现实意义。农民作为农业生产的主体，在农业产业化进程中不可或缺，农民的基本素质直接影响到农业产业化进程。农业产业化是以市场为导向，以经济效益为中心，以主导产业、产品为重点，优化组合各种生产要素，实行区域化布局、专业化生产、规模化建设、系列化加工、社会化服务、企业化管理，形成种养加工、产供销、贸工农、农工商、农科教一体化经营体系，使农业走上自我发展、自我积累、自我约束、自我调节的良性发展轨道的现代化经营方式和产业组织形式。它实质上是指对传统农业进行技术改造，推动农业科技进步的过程。这种经营模式从整体上推进传统农业向现代农业的转变，是加速农业现代化的有效途径。①

一、农民是农业产业化进程的主体

劳动者是生产力诸多因素中最活跃的一个，是劳动工具的发明者和使用者，是作用于劳动对象的主体，对生产力的发展起到决定性的作用。在农业产业化进程中，农民作为最基本的参与单位，是整个农业产业化进程的基础。

农业产业化要求以市场为导向、以经济效益为中心，优化生产要素，形成一体化的经营体系。一般来讲，实现农业产业化的要素主体要有：(1)合格的市场主体；(2)完善的市场体系；(3)完备的市场法则；(4)健全的调控体系。

农民是农业产业化进程中的经营主体，农民在生产上实现了专业化生产的跨区域联合，专业化的生产又促进了农业产业化运营，在此基础上成立的各种市场主体，既成为农业产业化经营的载体，也构成农业产业化的基本要素主体。农民也是农业产业化进程中的投入主体，农民在农业产业化进程中既有基本的劳动力和资金投入，也有较高层次的科技投入，从新品种、新技术的引进，到聘请专家授课或自我充电参加相关学历提升和技术培训，再到增加科技投入，已成为农民发展的自我认知和内生性需求。农民还是农业产业化进程的平等利益分配主

---

① 吴剑．我国农业产业化进程中政府角色转换存在的问题与对策研究[D]．湘潭大学，2010.

体。在农业产业化进程中，随着相应组织化模式的不断发展变化，农民已经不再是单纯的劳动力和基础原料提供者，农民通过不同的形式参与各种市场主体，成为具有同等地位的市场主体经营者、参与者，通过相应投入来获得相应的利益。因此，职业农民是推动农业产业化进程的基础。[①]

二、创业型职业农民是新型职业农民培养的新取向

实现农业产业化基本要素中，合格的市场主体是根本，农民在农业产业化进程中居于主体地位，所以其素质的高低将直接影响到农业产业化进程。我国是一个农业大国，农业人口众多，受我国经济、发展环境、发展时间、传统特性等因素的影响，传统农业的劳作主体农民，大部分刚刚解决温饱问题，同时分散居住，聚集程度不高，导致受教育程度普遍偏低、知识贫乏、综合素质不高。而农业产业化又要求主体以先进的科技手段为支撑，同时要具备运用现代科技成果解决技术问题的能力，具有丰富科学文化知识接受新鲜事物的思维，也要掌握现代市场经济规律和相应政策规定。因此，解决农民主体素质不高与农业产业化进程迫切需求之间的矛盾成为当务之急。[②]

创业型职业农民培训是解决农业产业化进程中矛盾的有效途径。职业农民培训工程是农业产业化的基础工程。农业产业化进程迫切需要综合素质过硬、懂经营、会管理、有技术、能创新、会创业的职业农民队伍作保障。新时代的农民应该是具有新理念、新思维和新能力的复合型人才。实现农业产业化进程离不开职业农民。

创业型职业农民培训是推动农业产业结构升级、促进地方经济发展的有力保障。农民的综合素质是决定农业全面升级、农村全面进步、农民全面发展的关键因素。这主要表现在三个方面：其一，现代农业生产技术飞速发展，新品种、新技术、新模式和现代化的农业设施设备应用普及面越来越广，信息化技术在农业中广泛应用，传统的生产方式已经落伍，农民急需进行技术和理念的更新提升；其二，当前农业产业结构处于转型升级的关键阶段，第一、二、三产业融合发展，农村电子商务、乡村养生养老等新兴农业产业快速崛起，农业产业链条不断延

---

① 刘葆金．中国农业产业化理论探析[J]．南京农业大学学报，1999，22(4)：93—96．

② 辛逢春．我国农业产业化存在的问题与对策[J]．安徽农业科学，2008，36(4)：1663—1664．

伸，农民也需要有跨界的思维和能力，急需在产业链上培养更多的实用人才；其三，提升农民综合素质有利于小农户走出小农生产的局限，与现代农业有效对接，使更多的小农户转型升级为新型农业经营主体。

总之，高素质、高技能的农民是推进农业产业化的基础。尽管我国农村基础教育和职业技能教育取得了一系列的显著成绩，但是，培养出来的人才通过外出打工、继续深造、进入第二和第三产业从事各种工作等方式脱离了务农人员的队伍，使有科技、能管理和善经营的高素质务农人员在农村出现了断层。基于当前我国农村和农民现状，在农村从事农业生产的农民不仅年龄偏大，而且科学技术水平、思想道德、政治素养及专业技能等方面素质都比较低。改革开放以来，我国农民生活水平有了很大程度的提高，国家逐年加大对农村基础教育的投资力度，减免义务教育学费、对在读的农村子女给予政策倾斜和多方面的照顾，农村基础教育取得了很大成绩，但是辍学率高、文化程度低等问题仍然是制约农村经济发展的重大问题。[①]

第二节 创业型职业农民概念综述

一、传统农民概念

农民在我国是一个古老的称呼，在我国延续了几千年，与工人、教师、医生一样，是众多社会职业中的一种。从职业意义上来看，农民主要指长期居住在农村、以土地等生产资料直接从事农业生产的劳动者。

传统农民具有多种特征表现。其一，从就业机会角度来看，农业社会经济结构单一，生产方式简单，生产技术落后，生产效率低下，农民缺乏进行市场交换的剩余产品。同时，经济环境的发展滞缓、市场经济体制没有建立，社会分工很不清晰，导致传统农民基本没有职业选择的机会，难以改变自身现状。其二，从自主选择能力来看，传统农民的生产活动对自然资源禀赋、自身生活经验、农业技巧积累依赖程度极高。传统农民以户为基本单位，一户就是一个生产主体，基本

① 黄丽萍．农业产业化进程中的政府行为[J]．福建教育学院学报，2001(2)：9—12．

单位的条件严重限制了传统生产的规模，每户所拥有的基本生产资源土地，面积小，难以形成规模化效应，只能基本满足自身消费需求，同时每户又对家庭概念格外看重，自主能动性严重不足。传统农民长期受困于小农经济环境，而且带有浓厚的家族观念，思想保守固化严重，创新积极性严重不足。其三，从生产对象来看，初级农产品是传统农民生产的主要对象是初级的农产品，生产技术相对落后，传统观念受社会影响，无力改变现状；同时，传统农业生产又对自然条件有着高度的依赖性，波动性大，导致整体生产水平受限，收益率低。其四，从收入水平来看，传统农民受制于当时社会生产力的整体水平，收入水平低下、收入来源单一、收入风险高、生活水平相对低下。①

二、职业农民内涵

随着农业现代化进程的不断发展、社会分工和职业分化的不断推进，社会主义市场经济蓬勃发展，在社会主义市场经济体系发展下的农业出现了新方向。现代农业突破了之前农业固有的陈旧模式，依靠不断进步的现代科学技术和科学管理方法以及各种社会资本的介入，使得大规模的农业生产经营能够得以实现。农业的开展形式在不断转变，农业的基本要素在不断集聚。农产品的生产、供应、流通等各个环节与市场紧密结合，不断实现农业的商品性。

现代农业的发展对传统农民提出了新的要求，现代农业更注重整个产业体系的完整性、市场的导向性和产业化经营。职业农民在此背景下应运而生，职业农民是相对传统农民而言的，传统农民进行农业生产的最大目的是维持自身及其家庭最基本的生活需要，职业农民则不同，他们最大的目标是追求报酬和利益的最大化，力争把农业生产经营作为一种产业，把农业进行产业化运作，在运作过程中更加尊重市场规律和市场规则。农业部办公厅关于新型职业农民培育试点工作的指导意见中指出：新型职业农民是指以农业为职业、具有一定的专业技能、收入主要来自农业的现代农业从业者，主要包括生产经营型、专业技能型和社会服务型职业农民。

新型职业农民可以定义为具有一定的专业、文化素质基础，在农业生产技术、农业经营与管理方面能力较强，在非城镇从事与农业生产经营管理的相关活

① 邹君华．我国新型职业农民成长机制研究[D]．信阳师范学院，2016.

动，并且在新知识新技能学习、思想观念转变上紧跟时代潮流，在提高自身生活水平的同时，推动农业产业化进程的从业者。

新型职业农民特点主要有：新型职业农民的本质应该还是农民，新型职业农民与传统农民、职业农民不同，除了符合农民的一般条件，还必须具备自身独特的三个条件：一是新型职业农民是市场主体，在农业产业化进程中具有重要地位，市场紧密相连。传统农民从事农业生产的主要目的是维持自身及其家庭的基本生活需求，而新型职业农民则是追求利益最大化，他们积极参与市场，最大限度地利用市场规则使所获报酬最大化，具有相对较高的收入。二是新型职业农民具有高度的稳定性和继承性。稳定性是区别于对农业的短期行为，新型职业农民把从事农业生产和经营作为终身活动的内容，而且会主动培养继承人，使得自身在农业领域的成果得以保存和延续。三是新型职业农民具有高度的社会责任感和现代观念，不同于传统农民的落后保守。新型职业农民与社会有更多的交流，他们不仅有丰富的科学文化知识、专业的科学技术，而且还要求其行为对社会的生态环境承担责任。新型职业农民的经营在与社会主义市场经济相结合的过程中，很快融入了现代农业要素。①

三、创业型职业农民内涵

创业型职业农民还是一个比较新的概念，目前学术界对此暂无准确的界定。创业人才是开创新事业的人才，具备较高的沟通协作、组织决策和学习创新能力，能够运用相关知识、技术、信息来创建新的生产力和就业岗位，进而积累财富、创造经济价值。农业创业者是指在农业领域中开拓进取、勇于创新、刻苦钻研，进行技术革新和管理改革，提高农业生产效率，创造出非凡业绩的农业生产劳动者。

创业型职业农民是在当前创新创业的大背景下应运而生的，有别于其他涉农群体，创业型职业农民概念可以理解为既有职业农民具有的农业专业知识技能，洞悉市场规律把握市场机会的能力，同时又具有强烈的创新意识、前卫的创新思维、不挠的创新精神，能够以市场为导向，在农业领域或农村分析信息发掘机会，能够以新技术为抓手，开展自身创新性事业，成就精彩人生的农业从业者。

① 李伟．新型职业农民培育问题研究[D]．西南财经大学，2014．

创业型职业农民是新时代创新创业人才队伍重要组成部分，是我国未来农业发展急需的人才力量。

创业型职业农民应具备以下几个特征：

一是丰富的农业专业知识背景。农业作为基础产业，无论是在生产环节还是流通环节，受自然环境等外界因素影响较多，属于高风险产业。在生产环节，农作物在种植管理过程中，对自然条件依赖程度高，容易受到自然灾害的影响。在流通环节，受限于市场供求的不断变化和农产品生产周期性的影响，农产品价格波动较大，交易风险升高。随着现代农业的不断发展，科学技术对农业经营的影响越来越大，优良品种的引进、新技术的应用、农业机械化的推广，极大地推动了现代农业的发展；但与此同时，也带来了潜在威胁，农药、化肥的过量不科学使用，给食品安全和环境保护带来了巨大挑战。最后，农业生产容易受到国家宏观政策的影响。国家从战略意义出发，对农业政策进行调整，对农产品进行扶持补助，都会对农业产业发展、农产品收益带来影响。因此，创业型职业农民必须具备一定的专业知识和技能，能够在正常生产时保质增收，在风险发生时减少损失，能够最大程度合理利用政策规定，及时适应市场变化，做出相应生产调整，保证生产效益。

二是创新创业能力。创业型职业农民，创新创业能力是核心，创新创业要求创业者具有强烈的创新意识、前卫的创新思维、不折不挠的创新精神。创业型职业农民需要对市场动向和创业机会有着敏锐的洞察力，要勇于尝试新鲜事物，善于借鉴吸收先进思想，能够在发现机会时果断抓住，同时能够积极运用新技术、新方法服务于自身的创业事业，并引入科学的经营理念和管理方法，积极对传统农业做出改变，推进农业现代化进程。

三是具备较高的综合素质。创业型职业农民核心在于创业，不论何种的创业形式，基本的综合素质都是初创组织生存下来的保障。首先要具备一定的经营管理能力，在企业创办初期，主要依靠企业创始人或团队来运营，这就要求，创业型职业农民在日常经营中，要对企业或组织整体运营有一定的基础，分析决策能力、沟通谈判能力、资源整合能力、风险承担能力等。要具备良好的心理素质和价值观。在农业行业创新创业，较其他行业而言，风险较高，不确定性较大，这就需要创业型职业农民具备良好的心理素质，来面对各种风险和挑战，不轻言放弃。同时，农产品经营，保证食品安全是第一要务。正确的价值观也是创业型职业农民应有的素质。①

第三节 创业型职业农民培育的政策演进

农村一直是中国改革的重要阵地，中国社会的转型也是从农村开始，随着我国经济的快速发展，农民的收入有了明显的提升，但是经济社会发展不平衡的现象在农村还十分突出，农村的自我发展能力也很弱，城乡差距依旧十分明显。广大农民是提高农村生产力和经济活力的主力军，因此必须加强对农民的创业培训，提高农民的创业意识和创业知识，拓宽农民的创业门路，把他们培养成有文化、懂技术、会经营的新型职业农民。党的十九大报告指出："促进农村一、二、三产业融合发展，支持和鼓励农民就业创业，拓宽增收渠道。"农民创业培训政策是促进农民培训事业发展、帮助提升受训农民创业意识和创业能力的重要因素。

从 1978 年改革开放以来，我国农民创业培训政策主要可以分为四个阶段。

一、萌芽起步期(1978—1992 年)

1978 年 12 月党的十一届三中全会后，农村家庭承包责任制迅速推广，激发了农民强烈的学习农业技术的愿望。为满足农业技术推广和农民工的需要，国家开始研究制定有关的农民培训政策，这一时期主要制定的政策有：

1979 年，中共中央颁布《关于加快农业发展若干问题的决议》，在该决议中提出要提高农民的科技水平，主要培训对象为青年农民，并要求在全国开展农业科技教育。

1982 年 12 月，农牧渔业部发布《关于迅速加强农业技术培训工作的报告》，指出要继续完善联产承包责任制，保证农业生产的持续发展，同时要扎实开展农业技术培训工作，提高农民群众的科学技术水平。

1983 年，农牧渔业部和教育部联合印发《关于做好全国统编农民职业技术教育教材征订准备工作的通知》，国家开始重视培训教材编印工作，为后续培训

① 王洁琼．基于新型农业创业人才的生态系统构建及运行机制研究[D]．武汉理工大学，2018.

开展起到了重要模范带头作用。

1986年，农牧渔业部《关于改革和加强农民职业技术教育和培训工作的通知》发布，提出应依靠科学振兴我国农业、加速农村物质和精神文明建设等战略措施培养新型农民。这是首次提出“新型农民”一词。

1990年，农业部在全国开始试行旨在推进农民技术教育事业的“绿色证书工程”，“绿色证书工程”主要是针对具有初高中文化的乡村人员、村干部、专业户等人群，以短期技能培训为主，主要由乡及乡以上的各类成人学校和培训机构组织实施。[①]

二、过渡转向期(1992—2002年)

1992年，中共十四大提出发展社会主义市场经济，工业取代农业占据了社会经济的主导地位，国家对农业重视程度有所下降，如何建立一种农业和农村经济发展的长效机制，从总体上解决“三农”问题成为这一时期的工作重点。此阶段，是新型农民向职业农民过渡阶段，人们开始熟悉“新型农民”等字眼，政府出台了一系列重大改革措施，农业和农村经济出现了重大改变。

1993年，《中华人民共和国农业法》颁布，我国农民教育问题有了法律保障。

1994年，国务院办公厅转发了农业部《关于实施绿色证书工程意见的通知》，促使绿色证书培训进入全面实施阶段。

1996年，《中华人民共和国职业教育法》颁布，提出国家应大力发展农村职业教育，扶持地区职业教育的发展，为面向“三农”的职业教育提供了法律的保障。

1999年，中央提出实施科教兴国战略，同年，农业部、财政部、共青团中央联合在全国实施“跨世纪青年农民科技培训工程”。

2001年6月，教育部、农业部联合下发《关于在农村普通初中试行“绿色证书”教育的指导意见》，在保证执行九年义务教育课程计划以及不延长课时、不增加课时总数的前提下，在农村初中引进“绿色证书”教育，调整部分教育内容，对学生进行一定的现代农业技术教育，既保证学生升学，又可以为学生将来从事农业生产、经营打下一定的基础。各省(直辖市、自治区)将原已实施的“燎原”“星

---

① 纪文婷．我国新型职业农民培育政策的萌发与完善[D]．湖南农业大学，2015.

火”“丰收”三个计划统合起来，并结合地方实际需求，有目的、有计划、有步骤地开展实用技术的推广。这一时期农业技术推广培训的对象主要是成年农民，全面系统的农民创业培训政策也在逐步酝酿之中。①

三、快速发展期(2003－2008 年)

2003 年，时任中共中央总书记的胡锦涛提出“科学发展观”，在“科学发展观”的指导下，“三农”工作问题重新得到重视。2005 年首次提出“职业农民”一词，从 2003 年至 2010 年是职业农民阶段，有关职业农民培育政策，坚持城乡统筹发展战略，既为城市化培养高素质的劳动力服务，也为社会主义新农村培育职业农民服务。在此阶段，与我国新型职业农民培育工作相关的政策、文件和措施如下所示：

2003 年 9 月，农业部、劳动保障部、教育部等六部委联合制定颁布了《2003—2010 年全国农民工培训规划》，指出要营造重视农民工培训的良好社会氛围，制定切实可行的农民工培训政策，激励农民工主动参加教育和培训，同时引导用人单位和各级各类教育机构主动开展农民工培训。加大对农民工培训的投入，逐步形成政府引导、多元投资的投入机制。完善职业准入证书制度，加强监督检查力度，强调“先培训后就业”。

2004 年 2 月，教育部制定并印发了《2003—2007 年教育振兴计划》，提出在新形势下加强基础教育、职业教育和成人教育“三教统筹”，有效整合教育资源，充分发挥农村学校的综合教育功能，进一步开展“绿色证书”教育，立足于农村发展需要和当地实际，在农村初、高中适当增加农业职业教育内容。

2005 年，农业部发布《关于实施农村实用人才培养“百万中专生计划”的意见》，“职业农民”的概念首次提出，从中提到农村实用人才培养“百万中专生计划”的培养对象是农村劳动力，即文化程度为初中及以上，主要从事农业生产、经营等领域的职业农民。

2005 年，农业部开始实施全国农业科技入户示范工程，工程实施主要对象是科技示范户，重点是优势农产品和优势产区，主要措施是推广主导品种和技

① 李晓晨，李胜超．政策工具视角下的农民就业创业政策研究——基于 2004—2018 年的文本量化分析[J]．青岛科技大学学报(社会科学版)，2019，35(2)：62—68．

术，突破口是整合资源和创新服务机制。

2006年，农业部和财政部组织实施"新型农民科技培训工程"，为发展地方特色农业，按照优势农产品区域布局规划，以"围绕主导产业、培训专业农民、进村办班指导、发展一村一品"为目标，在全国选取10 000个示范村，每村选取40名主要从事农业生产和经营的农民为学员，中央财政安排1亿元专项资金，每村1 000元，农民参训时间不低于15天，技术指导进村指导不低于15次，通过班级学习、现场指导和技术服务，使农户掌握生产技术，提高农业技术化生产和经营水平。

2007年，由国务院转批教育部制定的《国家教育事业发展"十一五"规划纲要》提出建设社会主义新农村需要培育新型农民和加强"三教统筹"，促进"农科教"结合。

2008年，中共中央颁布《关于推进农村改革发展若干重大问题的决定》，提出为提高农民素质、发展农村教育，需培育新型农民。

2010年，中共中央、国务院下发《国家中长期教育改革和发展规划纲要(2010—2020年)》，指出加快发展面向农村的职业教育，支持学校参与培养新型农民，从而逐步实施农村劳动力免费劳动预备。①

四、高质量规范期(2011年至今)

从"十二五"开局之年至今，新型职业农民有了正式身份，从传统农民发展为新型农民，从新型农民发展为职业农民，直至当今的新型职业农民。在此阶段，我国新型职业农民培育工作的政策、文件和措施主要包括如下内容。

2011年，教育部等九部委联合下发《关于加快发展面向农村的职业教育的意见》，强调为重点培养农村实用人才和生产经营型人才，需办好一批农业职业学校和涉农专业。

2011年，农业部印发《农业科技发展"十二五"规划》，强调要加大力度实施人才培养工程，为更好地发展现代农业提供人才支撑。

2011年，农业部等多部门印发《现代农业人才支撑计划实施方案》，提出为建设社会主义新农村、发展现代农业，需重点扶持农业科研、推广、经营人才，从

---

① 彭志武．中国农民创业培训政策的回顾与展望[J]．高等继续教育学报，2019，32(3)：44—47.

而为其提供人才支持。

2012年，党的十八大报告中提出要实施创新驱动的发展战略，全面推进“创业带动就业”的深入发展。

2012年，农业部印发《全国农民教育培训“十二五”发展规划》，主要提出以农业和农村经济发展的“十二五”目标和任务为中心，发展现代农业，需利用各类教育培训资源，培养职业农民。

2013年，农业部办公厅发布《关于组织申报新增新型职业农民培育试点县的通知》，该通知旨在由原来的100个试点县增加到300个，依托主导产业培育新型职业农民，建立教育培养、认定管理、政策扶持等衔接配套的新型职业农民培育制度体系。

2014年，教育部办公室厅等联合印发《中等职业学校新型职业农民培养方案（试行）》，旨在加快建立农民职业教育制度，大力培养新型职业农民。从中职学校的招生对象、培养目标、基本学制、专业类别、课程设置、教学形式、教学管理、考试考核、学分制等方面都做了具体规定，这是我国培育新型职业农民以来最具体的执行方案。

2014年9月，李克强总理在中国天津召开的第八届夏季达沃斯论坛开幕式上指出，要在中国的广袤大地上，大力开展“草根创业”“大众创业”，鼓励“万众创新”“人人创新”。

2015年，国务院发布《国务院关于进一步做好新形势下就业创业工作的意见》（国发〔2015〕23号）。

2015年，《国务院关于大力推进大众创业万众创新若干政策措施的意见》（国发〔2015〕32号）、《国务院办公厅关于发展众创空间推进大众创新创业的指导意见》（国办发〔2015〕9号）《国务院办公厅关于支持农民工等人员返乡创业》（国办发〔2015〕47号）大力支持农民创新创业。

2015年，农业部发布《农民创业创新行动计划》（2015－2017年），推进农民创业创新，激活农业农村内生发展动力。

2015年3月，“两会”代表提议要让农村和农业成为创业创新新天地。[①]

---

① 王羽菲，祁占勇．新中国成立70年来我国农民职业教育培训的嬗变轨迹——基于政策与法律文本的分析[J]．职业技术教育，2019，40(36)：19－28.

国家在历年“中央一号”文件中强调要重视农民教育问题，2019 年“中央一号”文件再次强调要实施农民培育工程，大力发展面向乡村需求的职业教育。根据农业农村部“十三五”全国新型职业农民培育发展规划，到 2020 年职业农民将达到 2000 万人，一批高素质的青年农民正在逐步成为适度规模经营的主体。2019 年农业农村部办公厅印发的《关于做好 2019 年农民教育培训工作的通知》要求加快农民教育培训的转型升级，提升质量效能，不断发展壮大适应现代农业需求的职业农民队伍。同年，全国启动农民培育三年提质增效行动，中央财政继续安排 20 亿元，聚焦乡村振兴人才需求，分层分类实施农业经理人、新型农业经营主体带头人、农村实用人才和现代创业创新青年等培育计划。①

附：历年“中央一号”文件涉及新型职业农民培训的论述

2009 年	关于促进农业稳定发展农民持续增收的若干意见	支持科技人员和大学毕业生到农技推广一线工作。开展农业科技培训，培养新型农民；加强合作社人员培训，各级财政给予经费支持。
2010 年	关于加大统筹城乡发展力度进一步夯实农业农村发展基础的若干意见	大力发展中等职业教育，继续推进农村中等职业教育免费进程。逐步实施农村新成长劳动力免费劳动预备制培训。
2012 年	提升农业技术推广能力，大力发展农业社会化服务	村干部、农民专业合作社负责人、到村任职大学生等农村发展带头人，农民植保员、防疫员、水利员、信息员、沼气工等农村技能服务型人才，种养大户、农机大户、经纪人等农村生产经营型人才，大力培育新型职业农民，对未升学的农村高初中毕业生免费提供农业技能培训。
2013 年	关于加快发展现代农业进一步增强农村发展活力的若干意见	大力培育新型农民和农村实用人才，着力加强农业职业教育和职业培训。充分利用各类培训资源，加大专业大户、家庭农场经营者培训力度，提高他们的生产技能和经营管理水平。建立合作社带头人人才库和培训基地，广泛开展合作社带头人、经营管理人员和辅导员培训。
2014 年	关于全面深化农村改革加快推进农业现代化的若干意见	加大农业先进适用技术推广应用和农民技术培训力度。加大对新型职业农民和新型农业经营主体领办人的教育培训力度。
2015 年	关于加大改革创新力度加快农业现代化建设的若干意见	以未能继续升学的初中、高中毕业生为重点，推进中等职业教育和职业技能培训全覆盖，逐步实现免费中等职业教育。积极发展农业职业教育，大力培养新型职业农民。

① 高学贵. 我国农民教育政策发展研究[D]. 西南大学，2011.

续表

2016 年	关于落实发展新理念加快农业现代化实现全面小康目标的若干意见	加快培育新型职业农民。将职业农民培育纳入国家教育培训发展规划，基本形成职业农民教育培训体系，把职业农民培养成建设现代农业的主导力量。开展新型农业经营主体带头人培育行动，通过 5 年努力使他们基本得到培训。引导有志投身现代农业建设的农村青年、返乡农民工、农技推广人员、农村大中专毕业生和退役军人等加入职业农民队伍。
2017 年	关于深入推进农业供给侧结构性改革加快培育农业农村发展新动能的若干意见	健全农业劳动力转移就业和农村创业创新体制。支持进城农民工返乡创业、带动现代农业和农村新产业新业态发展。鼓励高校毕业生、企业主、农业科技人员、留学归国人员等各类人才回乡下乡创业创新，将现代科技、生产方式和经营模式引入农村。整合落实支持农村创业创新的市场准入、财政税收、金融服务、用地用电、创业培训、社会保障等方面优惠政策。鼓励各地建立返乡创业园、创业孵化基地、创客服务平台、开设开放式服务窗口，提供一站式服务。
2018 年	关于实施乡村振兴战略的意见	提升农业发展质量，培育乡村发展新动能优化农业从业者结构，加快建设知识型、技能型、创新型农业经营者阶段。
2019 年	关于坚持农业农村优先发展做好“三农”工作的若干意见	支持乡村创新创业。鼓励外出农民工、高校毕业生、退伍军人，城市各类人才返乡下乡创新创业，支持建立多种形式的创业支撑服务平台，完善乡村创新创业支持服务体系。落实好减税降费政策，鼓励地方设立乡村就业创业引导基金，加快解决用地、信贷等困难。加强创新创业孵化平台建设，支持创建一批返乡创业园，支持发展小微企业。

第二章

创业型职业农民培育时代性与战略性

第一节　创业型职业农民培育现状及趋势

一、创业型职业农民培育现状

（一）当前主要培训类型及对象

以浙江省为例，浙江省近年来以“千万农民素质提升工程”为总抓手，围绕农业职业经理人、现代青年农场主、农村实用人才带头人、“农创客”“新农人”等现代农业经营主体带头人，突出分类分层、培训引导、跟踪指导、创业帮扶等手段，进一步优化乡土实用人才发展空间，培育更多爱农业、懂技术、善经营的职业农民。深入实施扶贫致富带头人培育工程，以低收入农户集中地区为重点，有针对性地开展来料加工、农村电商、农业新技术和新品种推广等有效带动当地低收入农户增收培训。其中2019年计划培训16.7万人次，包括职业农民（新型职业农民）2.4万人，各类农村实用人才11.8万人（次），以被征地农民、转产渔民、异地搬迁低收入农户和农村富余劳动力为主要对象，开展就业技能培训2.5万人。

1. 实施职业农民培育

浙江省农业广播电视学校负责组织实施万名示范培育项目、现代青年农场主(农创客)和产业领军人才研修等部级重点项目的示范性培训班,各县(市、区)组织实施新型农业经营主体带头人和实用型、技能型职业农民培训。主要面向家庭农场、专业大户、农民专业合作社、农业企业、农创客、农业社会化服务组织等新型农业经营主体带头人和技术、管理、服务骨干人员,以及农村电商、乡村旅游、农业经理人等新产业、新业态领域的创业人员。2019 年系统按项目文件要求,改为农业经理人培养、新型农业经营主体带头人轮训、现代创业创新青年培养、农业产业精准扶贫培训、其他、现代青年农场主培训类型(不再新增培育对象)6 个类型,取消“三年内不能重复培训”的要求限制,但同年只能参加 1 次培训。

2. 农村实用人才培训

重点培训专业大户、家庭农场主、农民合作社骨干;长期、稳定在农业企业、农民合作社、家庭农场等新型农业经营主体中的骨干;长期从事农业产前、产中、产后服务农业社会化服务人员等乡村振兴人才。培训对象不受户籍限制,原则上年龄不超过 60 周岁。

3. 转移就业技能培训

由各县(市、区)组织实施,以下山移民、转产渔民和失地农民等农村富余劳动力首次就业培训为重点,因地制宜地开展职业技能培训,已纳入人力社保部门再就业培训的返乡农民工和已在二、三产业就业的转岗农民工,不得列入农民转移就业培训。

4. 基层农技人员培训

分期、分专业选送基层农技人员到部、省级现代农业技术培训基地进行知识更新培训,提高基层农技人员的职业素养、业务水平和服务能力。2019 年计划培训 36 个专业的农技人员 6 510 名。

(二)管理办法及资金使用

浙江省高度重视农民教育培训工作,农民培训基本都以政府部门推动为主,资金也主要由政府上级拨款完成,浙江省专门出台《省级农村实用人才和新型职业农民高级培训项目管理办法》和《省级农村实用人才和新型职业农民高级培训项目监督办法》(浙农办〔2018〕23 号)，规范各类培训的培训对象、培训方式、项目组织方式和经费使用等。

2019 年将中央财政农业生产发展资金划拨 3 469 万元用于农民培训教育，计划培训 11 600 人。其中，农业经营主体带头人 10 000 人，按 2 700 元/人转移支付到项目县；万名示范培育 1 200 人、现代青年农场主(农创客)400 人，按 3 000 元/人转移支付到培训基地所在的县(市、区)；高研班按 10 000 元/人转移支付到培训基地所在的县(市、区)；“农业职业技能大赛”60 万元，转移到举办地所在的县(市、区)。

浙江省美丽乡村建设专项资金也划拨专门经费用于农村实用人才、新型职业农民培训、农村富余劳动力转移就业技能培训学员的学费补助，29 个县成人高等学历教育学费补助，省级农民培训通用教材编印、信息化建设、专兼职教师和管理培训人员等经费补助。县级组织实施的农村实用人才、新型职业农民初级培训人均补助 1 000 元，转移就业技能培训人均补助 600 元；市级组织实施的农村实用人才、新型职业农民中级培训人均补助 2 000 元，高级农村实用人才出境培训人均补助 5 000 元。

近年来，浙江省围绕高水平推进乡村振兴人才队伍建设，以培养农村实用人才为重点，按照“分层分类、融入产业、强化培育、以用为本、规范管理、提质增效”的原则，整合培训资源，规范培训管理，创新培训模式，提高资金效益，推进培训品牌、跟踪服务和线上培育，打造农民教育培训精品工程，为高水平推进乡村振兴提供人才支撑。

(三)培训实施机构

1. 行政管理部门

浙江省农业农村厅负责指导农业农村人才工作。拟订农业农村人才队伍建设规划并组织实施，指导农业教育和农业职业技能开发，组织新型职业农民培育、农业科技人才培养和农村实用人才培训工作。农业农村厅科技教育处具体负责农业教育和职业农民培育。

各个市的农业农村局指导农业农村人才工作，拟订农业农村人才队伍建设规划并组织实施，指导农业教育和农业职业技能开发，组织农民培育、农业科技人才培养和农村实用人才培训工作，科技教育处负责农业教育和职业农民培育工作。各县(市、区)负责管理或组织实施农业教育培训。

除此以外，省人力资源与社会保障厅、各市人力资源与社会保障局等负责指导管理农民职业技能鉴定。省妇女联合会、各市妇女联合会指导农民妇女技能提升、创业培训等。

2. 培训实施机构

浙江省有多条线组织实施农民教育培训。

(1)浙江农民大学。2013 年底，浙江省委、省政府依托浙江现有涉农高校和科研院所的人才科研优势，整合各自成人教育培训资源，成立浙江农民大学。横向上，主校区设在浙江农林大学，同时在浙江大学、浙江海洋大学、浙江经贸职业技术学院、浙江旅游职业学院、浙江省农科院、中国农村致富技术函授大学浙江省分校、浙江省农业广播电视学校等设立校区，实现人员、场地、师资等共建共享，丽水职业技术学院、温州科技职业学院、台州职业技术学院等 11 所高职院校成立市级农民学院；纵向上，实行省、市、县三级构架，省级“农民大学”9 个校区，市级“农民学院”11 个分校，县级“农民学校”89 家。

(2)浙江省农业广播电视学校。浙江省农业广播电视学校是一所面向农村为农服务培养初级专门人才的成人中等专业学校，各个县市区都有分校，开展农业中等职业教育、农业系统干部、职工业务培训、农民职业教育和农业实用技术、绿色证书等培训工作等，通过广播、电视、录音、录像、网络、卫星等现代远程教学手段，采用自学与面授辅导相结合，实施远距离教育。

(3)高校与科研院所。除了依托浙江农民大学开展农民教育培训，浙江大学继续教育学院、农业技术推广中心，浙江农林大学继续教育学院、浙江海洋大学、嘉兴职业技术学院继续教育学院等相关高校和浙江省农科院科教培训基地等也根据当地农业产业发展需求和特点开展农民教育培训。浙江省妇女干部学校、浙江女子专修学院开展农村妇女的教育培训。

(4)民办培训机构。少数的农民培训由大型公司、集团或中小微企业、私人设立的培训机构开展，因为农民培训的社会公益性质，民办培训机构开展农民培训比较少。

二、创业型职业农民发展趋势

进入中国特色社会主义新时代，随着农业内部的横向分化和纵向发展，农民职业化性质逐步强化，“职业农民”发展成为现代农业的主力军，创业型职业农民成为不可或缺的重要力量。创业是经济发展的强大动力，农民创业是解决农民就业、农民增收问题的主要途径，开展农民创业培训，培育现代农业企业家、农场主是我国农村经济和社会发展的客观要求。

（一）创业型职业农民培育走向规范化

2018 年“中央一号”文件提出强化乡村振兴的人才保障，全面建立职业农民制度，完善配套政策体系的要求。建立职业农民制度已经超越了原有的新型职业农民培育工程的范畴，需要在深入研究、构建制度、创设政策、完善体系等多个方面进行系统研究和深入探索。职业农民制度是农村基本经营制度的补充与完善，是畅通城乡间人才要素双向流动的制度性安排，是一项指导性而非法规性制度设计。对职业农民进行注册认定不是单纯的设置务农创业门槛，而是为了留下、吸引、储备更多高素质劳动者投身农业，实现劳动力资源在更大范围内的优化配置。未来“农民”是一种自由选择的职业，制度是一种有效的保障，涵盖职业农民发现、培养、发展全过程，贯穿职业农民培育始终，是系统性制度设计，充分体现国家重农、强农、惠农的政策导向，在明确职业属性的基础上，建立职业分类和认定体系，畅通职业能力提升渠道，完善创业就业支持政策，建立制度保障体系。2019 年，人力资源和社会保障部将农业（职业）经理人正式纳入新增职业中，农民职业属性增强，未来将探索如何赋予职业农民与城镇职工享受同等的养老保险、医疗保险等待遇，如何给予一定的补贴，如何建立失业救助及保险制度。①

（二）创业型职业农民培育走向组织化

职业农民的组织化是以土地流转、适度规模为前提的，且多是新型经营主体

① 樊梦瑶，张亮．新中国成立 70 周年中国农民培育的变迁与展望[J]．中国职业技术教育，2019(24)：21－27.

负责人。第三次全国农业普查数据显示，截至 2016 年末，在工商部门注册的农民合作社总数达到 179 万个，入社农户近 1 亿户，农民组织化程度明显提升。近年来，新型职业农民组织在新型职业农民队伍不断壮大的同时逐渐发展起来，随着现代农业的不断发展，职业农民组织化程度加大，谋求、维护和改善其共同的经营活动互相协作的发展目标逐渐趋同，组织功能由最初的成员之间的信息交流转变为同业合作、跨行业互补、抱团发展，提高了抗风险能力，更有利于推动农业要素的有效配置。职业农民借助组织达到更高的层次、更大的平台、更广的范围上的合作与联合，实现与产业紧密的联结度，既具稳定性又具灵活性。

（二）创业型职业农民培育走向市场化

目前，政府在开展职业农民培育方面已经推出了众多积极举措，但以政府为主导的培育方式现阶段在全国各地区均陷入不同程度的发展困境，体现在培训供需不对称、培训效率低下、农民参与意愿不高等方面。基于职业农民培育开展的现状，解决政府过度干预与市场失灵并存的问题，未来对于职业农民培育的探索应充分考虑市场在资源配置中的决定性作用，强调农民培育这一行为通过市场机制和规来达到效用最大化，实现帕累托最优状态。我国农业正处于转型升级的关键时期，农民对培育各方面的需求都是动态变化的，如果仅仅依靠政府的硬性安排，很难解决发展中遇到的实际问题，无法实现资源的优化配置。要通过政府的引导，借助市场机制集成培训资源，并在整合培训资源中发挥基础性配置作用，成为职业农民培育可持续发展的内在动力。①

第二节 创业型职业农民类型划分

我国农民创业呈现“多元化”特征，按照不同的标准可以将创业模式进行不同的分类。农民创业活动同样是基于创业机会的发现和把握。创业机会产生于创业行动者对资源价值的不同评价以及行动者将相关资源转化为商业产品或服

---

① 郝大江．我国“农民职业化培训”市场化改革研究[J]．哈尔滨商业大学学报(社会科学版)，2017(3)：98－106．

务的时机。有关创业的理论和模式总结主要聚焦于资源的价值判断和价值实现。

一、根据起点不同分类

根据起点不同，创业型职业农民创业可分为基础打工的创业模式、强者导向的创业模式和冲动型的创业模式。

（一）基础打工的创业模式

近年来，我国出现大量农民工返乡创业的现象。20 世纪 80 年代中后期以来，我国农村亿万农民离土离乡，进城务工就业。经历几年的打工历程，一部分有打工经验的农民返回家乡或者留在外地，利用自己打工过程中积累的资金、技术、信息、人脉等资源，选择创业项目，开始自己创业，这就是以打工做起的创业模式。以打工为基础开始创业的农民创业者具有明显的个人特征，他们通常比一般的打工农民更具有敏锐的洞察力、更勇于冒险、更善于处理人际关系、更敢于承担责任，他们有的在打工之初已经在计划将来自己创业，有的则没有明确的计划，而是在打工的过程中慢慢地确定了创业的目标。这类创业模式多数属于机会拉动型创业。

（二）强者导向的创业模式

在中国农村，村官带动创业或者农村各类强者带动创业，这种创业模式非常普遍。早些年，农村有一大批有见识、善经营、敢创新的能人和创业家带头创业，其他家庭跟着干而创办的家庭工业占总数的一半以上。

（三）冲动型的创业模式

有些农民的创业属于冲动型的创业模式。农民自己有当老板的梦想，因此自己创业来实现梦想。但是这样的创业模式会经历无数的挫折和失败，在中国农村不是创业的主流。

二、根据动机不同分类

根据创业动机不同，可以将创业型职业农民创业分为机会型创业和生存型创业。

(一)机会型创业

农村现代化、城镇化以及新农村建设等改变了我国农村原有的环境特征,创造了大量的创业机会,善于把握机会的农民利用这样的时代机遇,率先弃农从事创业活动。这类创业模式在我国城镇接合部,尤其是失地农村十分普遍。创业行业大多与市场机会有很大联系,服务业、餐饮业、交通运输业、商业零售业等较多,它们通常有较广阔的市场、竞争不是很激烈,进入门槛较低。

(二)生存型创业

社会环境发生变化,普通农民依赖原有的传统农业耕作方式已经不能满足消费需要,生存压力越来越大,在这种形势下,农民出于"养家糊口"等动机,自觉地或被迫地走上创业之路。生存型创业在我国农村普遍存在,这类创业模式通常经营规模较小,项目多集中在服务业,大多没有创造新需求,而是在现有的市场上寻找创业机会。

三、根据来源不同分类

根据创意来源不同,将创业型职业农民创业分为复制型创业、模仿型创业和创新型创业。

(一)复制型创业

复制型创业是指创业者通过复制其所熟知的某个企业的运营模式而开展的相应创业活动。潜在创业者已经基本掌握了其熟知公司的运营模式,并且觉得自己所创办的新建企业的运营模式会优于现有企业的运营模式。这种模式创业风险较小、创业成功率较高。我国农民创业有很多是复制型创业。现在有很多农民外出打工,在打工过程中他们学到了技术和相应的管理运营知识,并且也具备了一定的经济实力。当他离开其打工的企业并且觉得进行类似的创业活动有利可图时就会进行模仿型创业。这种创业模式多见于饭店、洗浴中心、超市、美发店等第三产业,因为它们易于模仿而且进入门槛也不是很高。此外,假如创业地点选择在农村的话，它会有一个很好的市场空间，因为在农村，这些服务性行业还处于起步阶段，具有很大的发展空间。

（二）模仿型创业

模仿型创业是指创业者模仿在市场上已经获得成功的企业而从事的创业活动。这种创业模式最重要的特征是创业者的创意大多源自市场上反映比较好的创业项目，因此创业者一般缺乏该领域创业所需的知识和技术，也往往并不了解该类企业的经营管理模式。该模式的劣势是创业者犯错的可能性较大，学习过程和成本也较高，存在的不确定性也较大，优势是有一个好的市场环境和发展前景。随着农村经济的发展，农业生产会更多、更频繁地引入新技术、新品种，许多城市生活方式也会慢慢地引入农村，这个过程中会有一些比较“前卫”“敢于冒险”的农民抓住机遇进行一些“开创性”的创业活动，假如其创业取得成功，随后其他农民就会纷纷效仿。

（三）创新型创业

创新型创业是指创业者冲出传统经营管理模式、传统市场观念、传统思维模式的束缚，在自身所构想的创意基础上开展活动产品创新、服务创新或者是经营管理理念等方面的创新，慢慢培育新市场，逐步实现其创业目标。一般来讲，这种创业模式的难度、风险和收益都比较大，因此其对创业者的要求也比较高，需要创业者有强烈的创业愿望、敏锐的机会识别能力、敢于冒险等优秀的个人特质。在大力推进新农村建设的过程中，农民、农业和农村正在慢慢地发生着变化，会有很多好的市场机会不断涌现，因此农民创业者可以通过提供新产品和新服务来开展创业活动。

四、根据产业不同的分类

根据创业产业不同，可以将创业型职业农民创业分为农业产业延伸创业、传统技术演变创业和地方专业市场创业等。

（一）农业产业延伸创业

农业产业的延伸可以分为纵向和横向两种。纵向延伸指的是产销一体化、农工贸一体化等，即以农户为其原材料的供应基地，以加工企业为龙头，以市场为导向，构建“农户企业市场”的种养、加、销一条龙生产、加工、销售经营模式。横向延伸即从普通种养殖业延伸到特色农业、观光农业等其他新方向，如“农家乐”旅游等。目前，我国农民创业主要还是在农业产业纵向和横向延伸。在纵向延伸方面，借助当地龙头企业、合作社等社会组织的力量帮助农民实现农业生产与产前、产后的链接、延伸。在横向延伸方面，广泛采用政府推动型创业模式大力发挥政府的作用，引导、扶持农民发展特色农业、观光农业等。

（二）传统技术演变创业

农村手工业有着悠久的历史、丰富的传统技艺、众多的能工巧匠。20世纪80年代，随着乡村经济改革带来乡镇企业兴起，许多农民利用自己的技艺专长，利用自家的空余房屋或院落，组织家庭成员或适当雇用农村剩余劳动力，拾大工业之遗、补市场供应之缺，创办了小型工厂，这就是家庭工业的兴起。家庭工业有着规模小、投资少、投资转向灵活、经营管理简单等特点。此外，家庭工业多为分户加工，从业者责任心强、浪费少、成本低，因此一般都有着较高的经济效益。家庭工业具有广阔的市场空间和发展前景。首先，随着人们生活质量的提高，需求趋于多样化、精细化，品质好的民间手工制品更得市场青睐。而部分手工艺品如雕刻、传统编织、剪纸等无法进行机器生产，这就为家庭工业发展提供了很好的发展机遇和广阔的市场空间。其次，现在很多企业主要负责总装和创造产品中的高精尖部分，因此需要为其生产“组装零配件”的多层次协作网络，家庭工业模式既能保证质量，又能降低成本，因此家庭工业可以在这个市场中占有一席之地。家庭工业准入门槛较低，因此其成为我国农民创业的一种重要形式。政府对家庭工业的引导、扶持等会对家庭工业的发展产生非常大的影响，比如浙江省江山市出台的《关于大力发展来料加工业的意见》以及《关于加快推进新农村建设的若干扶持政策》都明确表示要在税费、信贷等方面大力支持发展来料加工业。政府加强对家庭工业尤其是重点家庭工业的服务、引导，促使它们做大做强等，这些举措极大地促进了江山市家庭工业的发展。

（三）地方专业市场创业

这是指由商人率先创办而带动发展起来的家庭工业。典型的例子是改革开放初期浙江省永县桥头镇纽扣市场的兴起，市场的形成带动了桥头镇及其附近一带的农村余家农户办起了纽扣厂，后来还带出了纽扣替代品及其相关行业，如拉链和服装加工业的发展。义乌也是专业市场带动家庭工业发展的典型。

五、根据主导主体不同分类

根据创业计划与指导的不同，可以将创业型职业农民创业分为自主开发型创业、专业合作组织引领型创业、政府推动型创业和高等院校支持型创业四种。

（一）自主开发型创业

自主开发型创业是指具备一定创业素质和条件的农民，在明确市场空间的基础上通过模仿和创新、组建公司或各类经济组织等方式进行的创业，也包括小商小贩以及各种创意创业项目。在创业初期，创业者通过一些小本经营方式获取经验和资本的原始积累。小本经营非常灵活，可以对市场需求的变化做出及时反应，而且这种经营方式风险相对较小，不会因供求不平衡造成大量商品积压，以致资金无法回笼而亏本或倒闭。初期的资本保障一般靠亲缘关系、民间借贷和银行小额信贷支持。

（二）专业合作组织引领型创业

专业合作组织引领型创业是指在家庭承包和“民办、民营、民受益”的原则指导下，以专业合作组织为载体，农民以入股或者与合作组织建立契约关系的方式实现规模生产和产业化经营。此外，合作组织在农民创业的产前、产中和产后的各个环节为其提供全方位、及时的服务，推进农民创业活动采取标准化生产和品牌化经营方式，提高农民创业的市场竞争力。这种创业模式一般采取两种组建方式：一是“龙头企业合作社＋农户”，这里的合作社只是一个中介机构；二是“合作社＋农户”，这里的合作社充当着中介机构和经营实体的双重角色。

（三）政府推动型创业

政府推动型创业是指在村领导集体中推选出一名经济能人，在经济能人的带领下，整合全村的经济资源，带领创业团队开展示范创业活动。在示范成功之后再进行推广，带动农民共同创业。

（四）高等院校支持型创业

高校支持的创业模式通常是高校的某一科学成果以实验基地的形式，给予农民一定的创业指导，以此帮助农民创业。该类创业模式中的创业项目大多是以高新技术为主导力量，高校对该项目创业的环境、前景、资源配置等都有比较充分的考察和论证。高校将会在创业过程中为农民创业者提供全程技术支持，甚至有专家和技术员派驻实验基地，对生产、经营、管理等进行现场指导。该创业模式的投资风险比较小，但是对农民创业者的素质要求比较高。

自主开发型创业模式的选择很大程度上取决于农民创业者自身的能力素质，因此其创业领域可以是传统农业生产方面的，也可以是创业者个人所熟知的其他领域。专业合作组织引领型创业、政府推动型创业和高等院校支持型创业这三种农民创业模式的选择很大程度上取决于其创业的外部环境条件，假如当地有龙头企业的话，就可以考虑以龙头企业合作社农户等形式开展专业合作组织引领型创业模式；假如村领导集体中有“经济能人”的话，就可以考虑采取政府推动型创业模式；假如当地有与农业生产相关的高等院校的话，就可以考虑以“实验基地”的形式来引导农民创业，这三种创业模式的创业领域一般是农业生产或者与农业生产相关的领域。①

---

① 李美青．国内外农民创业模式比较研究[D]．吉林大学，2011.

第三章

浙江省创业型农民教育培训供给与需求现状

第一节　浙江省创业型农民培训教育供给现状

本书课题组深入杭州、温州、宁波等地的农业农村局的科教处、社会发展处等现场访谈主管农民教育培训的负责人20余人，深入浙江省农业广播电视学校、浙江农林大学、台州职业技术学院、衢州职业技术学院、丽水职业技术学院等教育培训实施单位，对创业型农民教育培训的组织人、教师等进行访谈。利用全省农业农村科教系统培训班，对全省各县(市、区)负责农业绿色发展、科技管理、农民培训职能处(科)室主要负责人进行访谈。

访谈的主题包括：主要培训项目、针对的农民群体、支持政策、培训效果、培训准备、培训资源投入与使用、培训教学实施、培训支持服务、存在的问题等。

一、农业、农村、农民基本现状

浙江省地形以山地和丘陵为主，耕地面积仅208.17万公顷，人均占有耕地不足0.5亩，是典型的人多地少地区。2018年全省第一产业(农林牧渔)生产总值为1 967亿元，仅占全省生产总值的3.5%，对生产总值的增长贡献率为1.0%。改革开放以来，浙江省立足基本省情和产业、经济优势，创新农业生产经营机制，调整农业产业结构，大力发展效益农业和高效生态农业，现代农业得到迅速发展。

全省农业生产经营人员"老龄化"，受教育程度偏低。据统计，截至2017年底，浙江省农村住户数为1 259.25万户，占全省总户数的75.31%；农村人口为3 938.29万人，占全省总人口的79.43%；农村劳动力为2 332.67万人，占全省农村人口总数的59.23%。乡村从业人员数2 332.67万人，占全省人口的47.05%，占全省从业人员总数的61.45%。从事农、林、牧、渔的人数为447.90万人，占全省从业人员总数的11.80%。

根据2018年浙江省统计局公布的浙江省第三次农业普查数据显示，全省农业生产经营人员527.8万人，其中女性209.7万人。在农业生产经营人员中，年龄35岁及以下的25.2万人（占比仅有4.8%），年龄在36～54岁之间的217.7万人，年龄55岁及以上的284.9万人（占比达54%）。高中及以上学历的仅占7.8%，主要从事的行业为种植业。规模农业经营户农业生产经营人员（包括本户生产经营人员及雇佣人员）仅有35.0万人。

全省共有11.3万个农业经营单位，674.1万农业经营户，其中有10.2万规模农业经营户。2016年末，在工商部门注册的农民合作社总数为6.5万个，其中，农业普查登记的以农业生产经营或服务为主的农民合作社5.4万个，农村的基本生产单位和经营单位是农户，发展农业的主力也是分散的小农户。表3.1为浙江省第三次农业普查的农业生产经营人员数量和结构。

表3.1 浙江省第三次农业普查的农业生产经营人员数量和结构

指 标	全 省	规模农业经营户	农业经营单位
农业生产经营人员总数（万人）	527.8	35	48
农业生产经营人员性别构成（%）			
男性	60.3	59	66.9
女性	39.7	41	33.1
农业生产经营人员年龄构成（%）			
年龄35岁及以下	4.8	8.2	11.1
年龄36—54岁	41.2	54.7	56.4
年龄55岁及以上	54	37.1	32.6

续表

指　标	全　省	规模农业经营户	农业经营单位
农业生产经营人员受教育程度构成(%)			
未上过学	8.2	5	5.7
小学	47.9	45.9	37.2
初中	36.1	41.2	40.6
高中或中专	6.6	6.7	11.4
大专及以上	1.2	1.1	5.2
农业生产经营人员主要从事农业行业构成(%)			
种植业	86	60.6	49
林业	6.3	6.9	13.4
畜牧业	2.4	9.6	7.3
渔业	4.4	21.5	23.4
农林牧渔服务业	0.9	1.4	6.8

二、农民教育培训机构

(一)行政管理部门

浙江省农业农村厅负责指导农业农村人才工作,拟订农业农村人才队伍建设规划并组织实施,指导农业教育和农业职业技能开发,组织新型职业农民培育、农业科技人才培养和农村实用人才培训工作。农业农村厅科技教育处具体负责农业教育和职业农民培育。

各个市的农业农村局指导农业农村人才工作,拟订农业农村人才队伍建设规划并组织实施,指导农业教育和农业职业技能开发,组织农民培育、农业科技人才培养和农村实用人才培训工作,科技教育处负责农业教育和职业农民培育工作。各县(市、区)负责管理或组织实施农业教育培训。

除此以外,省人力资源与社会保障厅、各市人力资源与社会保障局等负责指导管理农民职业技能鉴定。省妇女联合会、各市妇女联合会指导农民妇女技能提升、创业培训等。

(二)培训实施机构

浙江省有多条线组织实施农民教育培训(见表 3.2)。

表 3.2　　浙江省开展农民教育培训主要单位

实施单位名称	具体开展培训的部门
浙江农民大学	省级“农民大学”9 个校区, 市级“农民学院”11 个分校,县级“农民学校”89 家
浙江大学	农业技术推广中心、继续教育学院
浙江农林大学	继续教育学院
浙江海洋大学	继续教育学院
嘉兴职业技术学院	继续教育分院
温州科技职业学院	成教学院
金华职业技术学院	农业与生物工程学院
台州科技职业学院	成人教育学院
丽水职业技术学院	继续教育学院
浙江经贸职业技术学院	继续教育学院
省农广校	培训科
省农科院	院科教培训基地(农发所)
省海洋水产研究所	水产养殖研究室
省淡水水产研究所	科研与成果转化中心
省海洋水产养殖研究所	科技办公室
宁波市农科院	院科研推广处
浙江省妇女干部学校	社会教育中心
浙江女子专修学院	社会教育中心

三、教育培训供给存在的问题

通过访谈发现:一方面,农民的素质普遍偏低,文化素质水平和专业技术技能水平亟待提高,迫切需要进行教育培训;另一方面,政府部门和教育机构投入大量人力、物力、财力和精力开展农民的教育和培训,但是农民教育培训的绩效评估不理想，全省农民教育培训工作还存在很多亟待解决的问题。

（一）教育有效供给与农民实际需求失衡错位

1. 培训的组织缺少统筹协调，导致农民受教范围不平衡

教育培训供给主体众多，省、市、县各级农业、教育相关部门都涉及农民培训，特别是乡村振兴战略和精准扶贫战略的实施，多条线的各级、各类单位都在争先组织举办各种农民培训班。但是各部门又各自为政，缺少统筹安排和协调统一，经常出现培训项目的重复和培训对象的重复，也会出现偏远地区或者信息闭塞地区的农民没有获得培训的现象。被重复培训的农民将培训作为一种任务、一种负担，对培训失去了信任和兴趣，还有一部分急需或渴望参加培训的农民却没有渠道获得培训信息和机会。

2. 培训的内容缺少因需施教，导致农民培训成效不显著

通过调查发现，很大一部分培训组织单位是为了完成培训任务，组织培训比较被动。在举办一个培训班之前很少进行规范的可行性分析，对培训对象的特点、需求，对当前产业的发展现状和趋势缺少深入的调研、分析，对培训课程和内容缺少论证。农民培训组织人员经验主义思想严重，在培训课程安排和教师安排方面，不能根据现代农业发展的变化和农民实际需求的变化进行及时调整。

3. 培训的形式缺少因材施教，导致农民培训积极性不高

虽然近几年全省农民培训的模式和形式向多样化发展，但是大部分教育培训还是以课堂的理论传授为主，很多农民表示“坐不住”“听不懂”“不实用”。因为培训成本控制、培训资源欠缺、培训管理人员不足、安全风险等因素的影响，大部分的培训没有按照培训项目的不同，培训对象的不同采用多元化的培训形式，田间实践、现场参观、交流互动、线上学习等环节安排的较少，即便有安排也大多流于形式，没有实质性内容。

（二）农民培训师资队伍建设未被重视

1. 师资队伍结构欠合理

全省农民培训相关教师入库的仅有 2 536 人，师资队伍整体素质偏低，高级职称（正高级和副高级）占比为 37.97%，没有评过职称的（大部分为乡土教师、

基层技术人员)占比达 52.56%(见表 3.3)。虽然乡土教师、基层技术人员等“土秀才”的一线实践经验较丰富,对农民的需求更了解,能够解决农民现实的生产难题,农民培训也确实需要这样的老师,但是农民培训也需要更多的高级职称的教师的参与,向农民传授先进的现代农业技术和经营管理理念。

表 3.3 **全省农民培训教师基本情况一览表** 单位:人

地区	总数	初级	中级	副高级	正高级	其余等级
合计	2536	83	417	546	157	1 333
省级	52	0	1	7	12	32
浙江省	444	9	29	85	46	275
温州市	208	6	47	69	11	75
嘉兴市	315	17	48	66	10	174
湖州市	241	6	28	30	4	173
绍兴市	184	1	28	21	8	126
金华市	354	14	80	80	29	151
衢州市	144	5	20	47	10	62
舟山市	56	3	4	25	7	17
台州市	246	7	57	52	15	115
丽水市	292	15	75	64	5	133

2. 农民培训教师身份认同感低

当前,农民培训教师大部分是兼职教师,待遇较低,除了正高职称教师和全国知名专家的课酬费较高外,大部分教师特别是乡土教师的课酬费很低,参与农民培训在职称评聘、评优评先等方面的影响力度不大,再加上农民培训备课耗费精力较多,很多老师是出于对“三农”的热爱和对“三农”服务的责任感才为农民授课。

3. 农民培训教师自我提升机会少

农民培训教师需要学习了解分析农民的心理和行为,需要根据农民的认知规律和学习特点改善教学技巧和授课方式,需要学习现代信息化教学技术,也需要进行专业的知识更新。当前关于针对农民培训教师的培训较少,每年全省层面的只有 1 期,而且人数较少,针对农民培训教师的研讨会、教学交流活动、技能比赛等活动几乎没有,教师进行继续教育的机会较少。

(三)训后跟踪服务流于形式

农民在接受在校的培训后,所学的知识运用到实际生产实践中还需要一定过程,当遇到实际困难时可能不能有效解决,影响培训效果和农民对培训的认可度,所以对农民训后的跟踪服务越来越重要。当前,全省还没有建立训后跟踪服务的长效机制,对农民的回访工作只局限于电话调查或问卷调查的层面,调查的内容也只是满意度调查、培训效果的调查,缺少对农民在实际生产经营管理过程中的资金、技术和平台的持续性帮扶。农民联系培训机构、老师的渠道较少,教师对农民的服务还是属于自发行为,缺少相应的激励、考核、保障的政策和机制。

(四)基础设施建设和内涵建设力度不够

1. 实践基地少且规模小

通过调查发现,全省专门针对农民培训的农民田间学校、实训基地、创业孵化基地等实践平台不多,全省仅有 285 个,而且规模都不大,很多由于疏于管理和忽视后期的持续性资金投入建设,已经名存实亡成为摆设,远远不能满足全省的农民培训需求(见表 3.4)。

表 3.4　　浙江省农民培训实践实训基地统计　　单位:个

地区	总数	农民田间学校	实训基地	创业孵化基地	综合类基地
合计	285	148	108	4	25
杭州市	36	19	7	1	9
温州市	39	21	17	0	1
嘉兴市	27	20	5	0	2
湖州市	57	12	41	1	3
绍兴市	25	15	9	0	1
金华市	25	17	6	1	1
衢州市	28	13	12	1	2
舟山市	5	4	1	0	0
台州市	26	17	6	0	3
丽水市	17	10	4	0	3

2. 统一的信息化学习平台尚未建成

随着互联网、云计算、大数据等新一代信息技术的快速发展和手机、电脑等智能设备、移动互联网在农村的广泛应用，移动学习平台逐渐成为农民培训学习的基础设施和现实所需。但是，目前全省应用信息化平台开展农民培训还处于探索阶段，除了温州科技职业学院开发并应用了“温农云”移动学习云平台，个别培训组织单位应用了全国的“云上智农”信息化平台外，全省统一的信息化学习平台建设尚处于起步阶段。

3. 培训教材质量不高

全省对鼓励教师编著农民培训教材的激励政策不多，很多单位在评职称时对农民培训教材不认可，导致专门针对农民学习特点和需求的培训教材不多，而且质量不高，实际应用时可选择性小。很多培训单位和机构使用的教材还是十几年前出版的，没有根据现代农业技术和农业产业的发展及时更新，还有很多培训只印发培训讲义，知识的系统性不强、资料性差。绝大部分的教材是纸质版的，音像教材、融媒体教材较少。

除此之外，关于针对全省农民培训的大数据库建设还需进一步完善，农民培训的理论研究课题不多，研究也不够深入。

第二节　创业型农民教育培育差异性需求及影响因素研究

为进一步了解创业型职业农民的培育需求，加之浙江省又是创业的热土，因此项目组以浙江省的职业农民作为调研对象，以期为创业型职业农民培育需求提出明确的清单。

一、样本选取及数据描述性分析

(一)调查样本范围及调查内容

1. 调查样本范围及调查方法

本研究调查的主要对象是浙江省的种植大户、家庭农场、农业专业合作社、农业龙头企业、农业产业化联合体等新型经营主体的经营管理人员、技术技能人员和一般劳动人员。先后在浙江农林大学举办的“青创农场主培训班”、浙江省“新农人”创新实验班、浙江省第四期科技示范户科学素质提升班、温州市农业技术人员继续教育培训班、嘉兴市乡村振兴战略能力提升班、嘉兴市家庭农场规范提质发展培训班、宁波市新兴果树栽培技术农民培训班、杭州市高级评茶员培训班、丽水市果蔬花卉生产技术班、温州市蔬菜集约化育苗技术培训班、湖州市新型职业农民水产养殖班等培训班通过“问卷星”发放电子调查问卷 1 796 份，收回有效调查问卷 1 682 份。赴温州万科农业开发有限公司、瑞安市上绿蔬果专业合作社、洞头县茂源珍禽专业合作社、永嘉县景山农业专业合作社、温岭市红日农业专业合作社、文成县二源绿色农业种植专业合作、泰顺县百花蜜蜂专业合作社、缙云县成禧生态农业开发有限公司、浙江本心农业科技发展股份有限公司等 20 多个新型农业经营主体，进行现场访谈，并发放调查问卷 35 份，收回有效调查问卷 24 份。

调查共发放调查问卷 1 831 份，收回有效调查问卷 1 706 份，有效率为 93.17%。

2. 调查内容

本研究调查问卷的设计主要包括个人信息、从事产业、受教育情况、对之前教育培训的认可度、对培训课程、内容、形式等的需求等。将农民对培训内容的需求分为种植、养殖技术类、营销类、经营管理类、农产品加工类、美丽乡村建设类、乡村旅游类、宣传策划类、新媒体应用类等。将农民需要提升的能力分为学历水平、语言表达能力、组织管理能力、专业技术水平、宣传营销能力、创新创业能力、人文素质涵养等，其中专业技术水平包括种植管理技术、病虫害防治技术、新品种、新技术、新设备应用技术、绿色生产技术。将农民参加培训的初衷分为企业发展需要、获得学历证书或培训证书、知识技能提升、乡镇或村里任务、打发时间。将培训形式的需求分为课堂理论学习、技术研讨会、专业技能培训、现场考察与同行交流、看录像与光盘、网络远程教育、专家现场考察指导等。

（二）样本的基本情况分析

样本的基本特征分析（见表 3.5），从性别分布来看，男性比例远大于女性，男性占72.10%，而女性只占27.90%，但是相对于以前女性所占比例已大幅提升。

表3.5 调查对样本的基本特征

调查类别	调查内容	样本数	比例(%)
年龄	35周岁及以下	201	11.78
	35～44周岁	431	25.26
	45～54周岁	605	35.46
	55周岁以上	469	27.49
性别	男	1 230	72.10
	女	476	27.90
文化程度	未上过学	18	1.06
	小学	45	2.64
	初中	1 183	69.34
	高中(中专)	335	19.63
	大专(高职)及以上	125	7.33
从事产业	粮食作物	300	17.58
	经济作物	867	50.82
	畜牧养殖	269	15.77
	水产养殖	65	3.81
	休闲农业	70	4.10
	其他	4	0.23

从样本年龄分析来看，出现老龄化趋势。46～55周岁所占比例最高，为35.46%；55周岁及以上的所占比例次之，为27.49%，35周岁及以下的仅占11.78%。从事农业的年轻人越来越少，多为中年人。

从学历教育层次比例来看，初中所占比例最高，为69.34%，高中(中专)所占比例为19.63%，大专及以上所占比例仅为7.33%，学历水平偏低。

从事的农业产业分析来看，经济作物所占的比例最高，为50.82%，之后依次为粮食作物17.58%、畜牧养殖15.77%，从事休闲农业、水产农业的较少。全省新型农业产业和新业态还不多，以传统农业为主。

从人员构成来分析(见图 1),大部分农民是种养大户,占比达 48.65%;其次是家庭农场经营者,占比 18.64%,规模养殖场经营者所占比例为 12.01%,创业大学生占比极少,只有 0.18%。

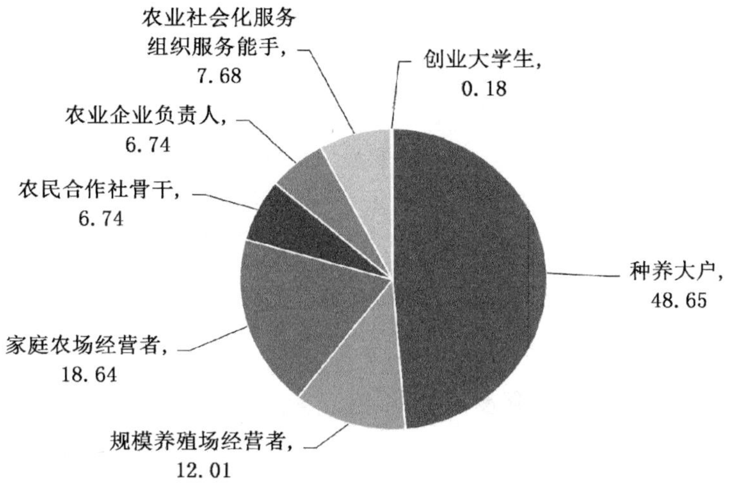

图 3.1 样本人员类别组成(单位:%)

(三)调查样本受教育培训情况

在接受调查的 1 706 名农民中,都参加过农民教育培训。其中,44.49%的农民参加过农业大专院校组织的培训,18.29%的农民参加过省级农科院组织的培训,18.87%的农民参加过地市级涉农部门组织的培训,参加过县级农技术推广部门、乡镇农技中心、农民专业合作社、涉农企业组织的培训较少,分别不超过10%,只有 2 名农民参加过民间培训机构组织的培训。由此看来,农民培训主要由政府部门和学校来组织(见图 3.2)。

通过参加培训频率的调查发现,经常参加培训(每年都参加 2~3 次)的占比为 15.06%,基本每年参加一次培训的占比较多,达到 56.27%,不是经常参加培训,2~3 年参加一次的占比 28.66%。

在获取教育培训信息的渠道,绝大部分是组织推荐,占比为 99.82%,在调查的农民当中,只有 3 个人是个人主动申报。农民获得培训信息主要是政府、乡镇相关部门宣传。

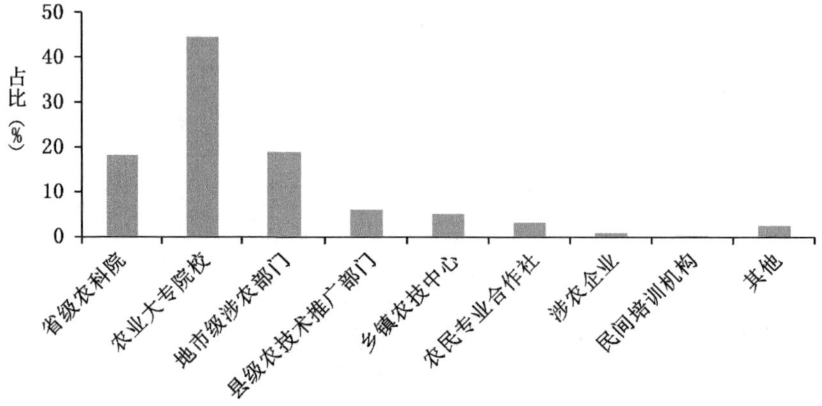

图 3.2 农民参加过培训教育的组织单位

二、农民对培训的评价及影响因素分析

通过对农民之前参加的教育培训的总体评价、满意度的调查发现，大部分农民对培训比较满意或很满意，仅有不到 1%的农民认为非常不满意。但是认为教育培训非常有用、帮助很大的农民只有 31.94%，认为比较有用，部门内容比较实用的有 58.38%，还有 9.69%的农民认为培训基本没用。

本研究通过构建二元的 Logistic 模型来分析影响农民培训效果的因素，农民培训效果使用培训后农民感觉是否有用来进行表示，本文将被解释变量分为“0”“1”变量，培训后农民认为培训有用的赋值为 1，认为培训没有用的赋值为 0。

$$Logit(P_i)=Ln\left(\frac{P_i}{1-P_i}\right)=\beta_0+\sum_{i=1}^{n}\beta_i X_i+\varepsilon$$

式中，P_i 表示培训后农民认为培训有用的概率，$1-P_i$ 则是培训后农民认为培训没有用的概率，β_0 是常量，β_i 是第 i 个解释变量的回归系数，X_i 是影响农民培训效果的第 i 个解释变量。

本研究分别从个体特征层面、培训供给方面选取 8 个变量考虑影响农民培训效果的因素。各个解释变量及其赋值情况见表 3.6。本研究采用 SPSS21.0 软件对所调查的样本数据进行逻辑回归分析。

表 3.6　各个解释变量及其赋值情况

变量名称	变量赋值
性别	男＝1；女＝0
年龄	35 周岁及以下＝1；35—44 周岁＝2；45—54 周岁＝3；55 周岁以上＝4
文化程度	未上过学＝1；小学＝2；初中＝3；高中（中专）＝4；大专（高职）及以上＝5
从事产业	粮食作物＝1；经济作物＝2；畜牧养殖＝3；水产养殖＝4；休闲农业＝5；其他＝6
培训内容满意度	非常满意＝1；比较满意＝2；不满意＝3
教师满意度	非常满意＝1；比较满意＝2；不满意＝3
培训形式满意度	非常满意＝1；比较满意＝2；不满意＝3
食宿条件满意度	非常满意＝1；比较满意＝2；不满意＝3

（一）个体特征的影响

1. 性别对培训评价的影响

从结果可以看出在 5％的显著性水平下，性别对农民培训效果有显著影响，且性别对农民培训效果的回归系数为正数，这主要是因为从事农业的男性比较多，参加农民培训的机会远远高于女性，而且在生产经营过程中男性发挥着重要作用，男性对新事物的接受能力和学习能力也都比较强，所以对培训的评价影响比较明显，对其培训的效果也比较明显。

2. 年龄对培训评价的影响

年龄对农民培训效果的影响不显著，但从其系数可以看出，年龄与培训效果呈现负向关系，一定程度上也说明年龄越大的农民对培训的敏感性越弱，学习新方法的能力也比较差，所以对年龄较大的农民对培训的评价较低，进行培训的效果比较低。

3. 受教育程度对评价的影响

在 10％ 的显著性水平下，受教育程度对培训效果有正向的影响，因为受教育程度越高的农民越能够意识到知识在实际生产经营中发挥优势作用，他们对新技术、新方法的需求也比较强烈，参与培训的积极性比较高，在参加培训的过程中比较认真用心，目的明确，所以对培训的评价较高。学历较低的农民对知识的作用比较漠视，对培训内容可能也难以理解消化吸收，跟不上老师上课的节奏，所学知识难以转化为生产力，所以对培训评价较低。

另外，所从事产业不同对农民培训的评价没有显著影响。

（二）培训内容和形式的影响

1. 培训内容的满意度对评价的影响

农民对培训项目、培训课程、培训内容的满意度对培训评价的影响是正相关的，在5%的显著性水平下对培训评价产生显著性的影响。大部分农民对培训内容比较看重，如果培训内容实用，能够解决实际难题或者对生产产生指导作用，就会对培训比较认可，认为培训有用。如果培训内容空泛，脱离他们的实际生产，就会对整体的培训不满意。

2. 培训形式的满意度对评价的影响

在5%的显著性水平下，培训形式的满意度对培训评价产生显著性的影响。如果是在进行授课期间使用到的教学模式和教学方法可以被农民接受，这样就可以在农民的心中建立起良好的认可度，在培训过程中农民还是希望能够采用多元化的培训的模式，田间教学等其他方式对农民培训效果更好，相比较于纯理论方面的学习，农民更愿意在实践中学习，且这种方式的培训也可以有效地提升农民培训效果。

（三）教育条件的影响

1. 教师水平对评价的影响

教师水平对农民对培训评价产生显著影响，农民对培训老师满意程度对总体培训效果有显著的正向影响。因为培训教师授课质量的好坏直接影响农民对培训过程的接受能力，一个具有丰富经验且水平较高的老师，可以较好地指导农民如何更好地从事农业的生产及管理，从而也促使农民接受新方法、新技术，使得农民对更专业的老师满意度较高，从而对培训给予正面评价。相反，培训项目再好、培训课程再好，教师讲不好，也会影响农民对知识的接收程度，影响农民对整个培训的评价。

2. 培训教材对评价的影响

通过分析发现，培训教材对农民对培训的评价的影响不显著，可能是因为短期的农民培训用到的教材比较少，基本以教师讲课为主，可能部分培训班有培训讲义，农民在培训的过程中对教材的依赖度不高，农民对教材的关注程度不高。

3. 培训场所环境及食宿条件对评价的影响

农民对培训场所环境及食宿环境等硬件条件的满意度对培训评价没有产生显著影响，分析原因可能是农民本身比较朴素，对物质条件要求不高；其次，农民还是比较看重培训的实质内容，对在哪里培训、培训接待如何、吃什么、住什么都不是很在乎，只要培训的内容好、老师讲得好，能使自身能力有所提升，能对实际生产经营管理有所帮助，就会对农民培训给予好的评价。

三、农民培训需求调研及分析

（一）农民参加教育培训的意愿

调查问卷和访谈调查问卷结果显示，农民非常愿意或者愿意参与培训的比例高达 80.95%，而完全不愿意参与培训的人数仅占到 3.99%。有 85.29%的人认为参加培训学习很有必要或者较有必要，不到 1%的人认为培训学习完全没必要。通过对农民参加培训的初衷调查，绝大部分农民参加培训是为了个人发展或者企业发展，仅有 2.87%的人是为了完成乡镇或村里的任务，仅有 1.52%的人参加培训是为了打发时间（见图 3.3）。

通过农民参加培训意愿和初衷的调查发现，当前农民对学习和培训的意愿比较迫切，随着现代农业的快速发展和新农村建设的不断深入，农民越来越意识到知识的重要性，也越来越意识到自身专业技能的匮乏和综合素质的低下，迫切希望通过参加农民培训来提升自己的学历、技术技能水平、经营管理能力、综合素质等。

（二）农民对培训内容的需求

首先对农民自己认为自身还需要哪些能力急需提升进行调查，从学历水平、语言表达能力、组织管理能力、专业技术水平、宣传营销能力、创新创业能力、人文素质涵养、法律及政策掌握、其他共 9 个方面进行多项选择。通过图 3.4 可看

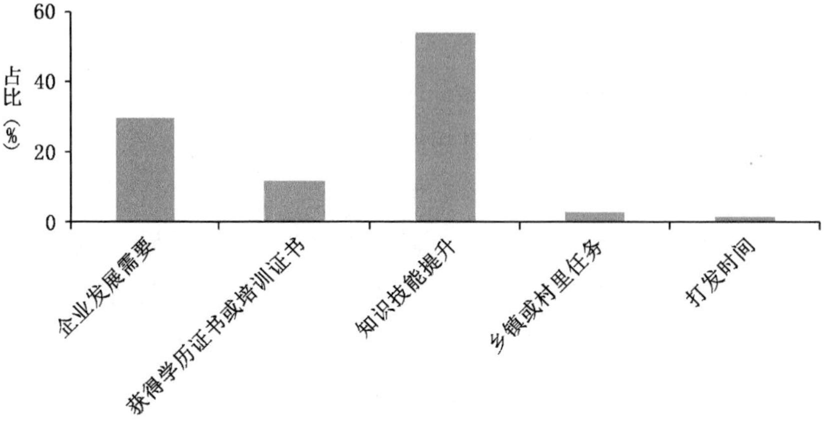

图 3.3 农民参加培训的初衷

出,92.91%的农民都选择了宣传营销能力,说明绝大部分的农民都认为自身的宣传营销能力比较欠缺,他们已经不仅仅局限于种植或者养殖等第一产业的领域,越来越意识到宣传和营销策略对合作社、家庭农场和企业发展的重要意义。还有超过70%的农民都选择法律及政策掌握、语言表达能力、专业技术水平,说明农民当前提升自我的意识比较强烈,除了要提升专业技术水平外,对法律知识的获取和储备、农业农村乡村政策的了解和应用,以及自身的语言表达能力提升都想进行完善。

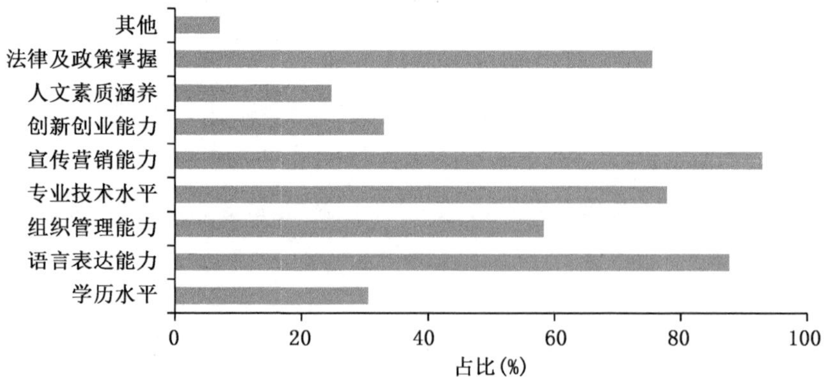

图 3.4 农民认为自身还需要提升的能力

对选专业技术水平想要提升的农民进行细分(见图3.5),农民普遍选了绿色生产技术、新品种新技术新设备应用技术、种植养殖管理技术，几乎全部的农民选择了病虫害防治技术，说明病虫害防治是绝大部分农民关注和关心的，也是制约他们生产力的短板所在。

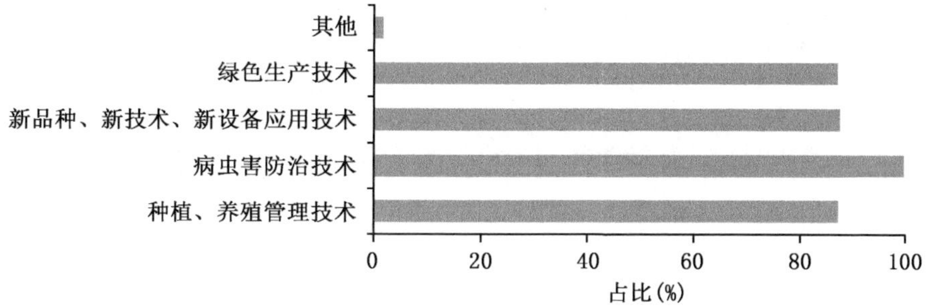

图 3.5　农民需要提升的专业技术

通过对农民培训项目的需求调查，分别列出种植、养殖技术类、营销类、经营管理类、农产品加工类、美丽乡村建设类、乡村旅游类、宣传策划类、新媒体应用类、其他共 9 大类培训项目供农民多项选择（见图 3.6），95.49％的农民选择希望进行营销类项目的培训；73.62％的农民选择希望进行经营管理类培训，这与绝大部分的农民都认为自身的宣传营销能力比较欠缺相吻合，相关政府部门和培训机构应加强此类培训项目的开展；75.56％的农民选择了种植养殖技术类的培训项目，说明农民归根到底还是对生产技能比较关注和感兴趣，相关政府部门和培训机构还需进一步细分各产业开展有针对性的技术类培训；选择新媒体应用类培训项目的农民也达到了 62.02％，随着抖音、快手以及微信的普遍应用，农民对这些新兴事物也比较感兴趣，想利用这些平台进行农产品的营销推广。此外，乡村振兴战略的深入实施使农村越来越美，人们对美好生活的向往使城市的人越来越想去农村旅游，这使得农民对乡村旅游类、美丽乡村建设类的培训项目的需求也越来越大。

（三）农民对培训模式的需求

本研究将培训模式总结为课堂理论学习、技术研讨会、专业技能实践、现场考察与同行交流、沙龙论坛、看录像与光盘、手机电脑远程教育、专家现场指导、其他共 9 种形式，农民们可多项选择。调查结果显示，98.88％的农民选择了专

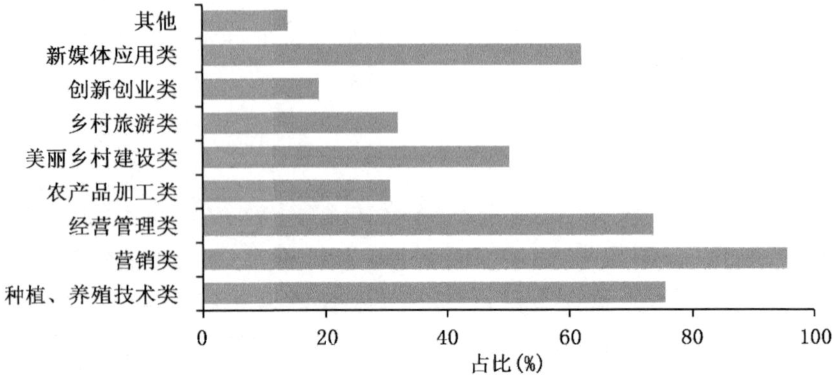

图 3.6 农民对培训项目的需求

家现场指导,农民还是喜欢一对一地现场解决实际问题。选择现场考察与同行交流的农民也达到了 93.14%,农民想到现代农业园区或者具有示范带动作用的生产区现场参观学习,对这种更直观的培训学习方式更能接受。选择专业技能实践的农民占比为 80.25%,这与农业的技术性较强有关,实践教学的效果会更好。选择沙龙论坛、技术研讨的农民接近一半,大部分集中于年轻人,另一部分农民可能是不善于语言表达或者认为研讨效果不佳。选择手机电脑远程教育的农民占 34.53%,虽然比例还不是很高,但是占比呈明显的增长趋势,年龄越小对移动学习平台接收程度越高,学历越高对通过移动学习平台学习的诉求越强烈(见图 3.7)。

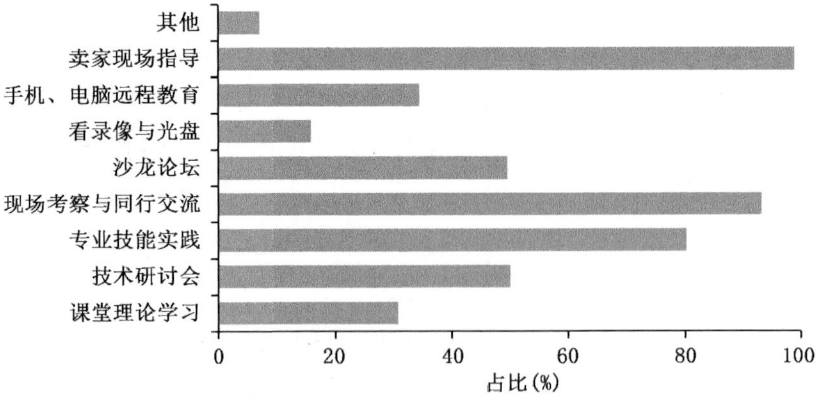

图 3.7 农民对培训形式的需求

只有30.83%的农民选择了课堂理论学习，农民对坐在教室里学习的积极性还不是很高，这与上述学习效果的调查结果一致，农民认为教室里学习的效率很低，能学进去的有效知识比较少。所以对农民培训学习模式的改革势在必行。

（四）农民对培训时间、费用等的需求

本研究将培训持续的时间设置为1天、2～3天、4～5天、6～10天、11～15天、16天及以上，2～3天和4～5天的培训时间是农民最容易接受的，选择16天及以上的只有7人，这与农业的生产特点有关，培训的时间过长会对农民正常的农业生产和管理带来影响（见图3.8）。

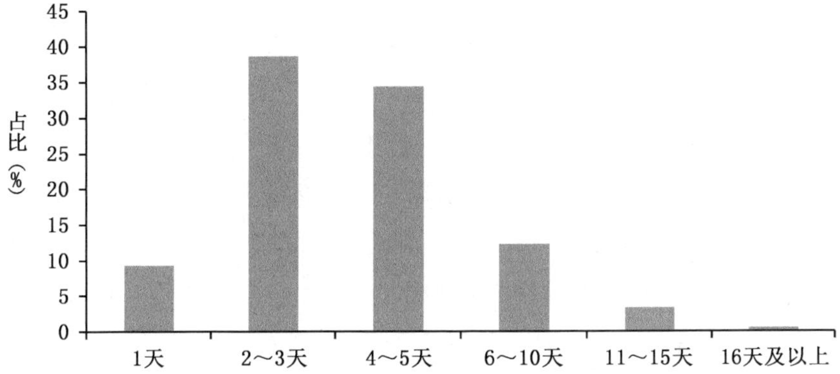

图3.8　农民对培训时间的需求

在培训费用方面，如果培训费、住宿费、伙食费都要农民自己负责，那愿意培训的人微乎其微，所有费用全免则农民参加培训的积极性比较高。

第三节　创业型农民教育培训质量提升策略

前文针对浙江省创业型职业农民的需求调查，反映出现阶段创业型职业农民真实需求与现实培训培育力量、方式、模式之间的矛盾。浙江省作为全国新型职业农民培育的先行者，涌现了湖州市职业农民培育模式、温州市创业型职业农

民培育模式以及成效显著的浙江农艺师学院、浙江农民学院等一批平台载体。针对近年来全省农民教育培训供给存在的系列问题，根据农民教育需求，从以下四个方面提出全省农民教育培训提质增效的对策建议。

一、一主多元，建立全省“一线牵”的管理运行体

浙江省委省政府、农业相关部门结合各地先进的经验，出台了一系列政策扶持措施。

（一）政府主导，统一管理、监督

农民教育培训具有公共产品的属性，其公益性质越来越凸显，要将农民教育培训工程与精准扶贫战略和乡村振兴战略相结合，坚持政府在农民教育培训中的主导地位。各级政府部门应将农民培训工作纳入新农村建设的总体规划，进行农民教育培训的顶层设计，管理并监督其他参与主体。

政府部门需要根据实际情况变化，进一步建立健全相关政策和法律法规，协调、统一培训资源和培育对象，制定具有针对性的培育准则，并列明培育规定，包括培育资金、培育机构、责任主体等，形成完整的培育政策体系。同时，政府要积极引导行业企业、社会组织、社区等社会力量参与农民培训的供给与管理，采用法律、政策、制度等手段，以协商、谈判的方式，在民间力量的配合下，做好对培训机构和学校的监督与评估。

（二）多方参与，统一认定、考核

全省有多条线组织实施农民教育培训，有浙江农民大学为主的农民学院，有农业广播电视学校，有高校与科研院所、大型公司、集团或中小微企业、私人设立的培训机构，还有妇联、女子专修学院等。多方主体参与的背景下，应进一步理顺培训机制，统筹安排和协调统一培训，避免出现培训对象、培训项目与内容重复等。

全省应统一制定职业农民的素质指标，规范资格认定标准，并进行统一认定。在全省范围内，制定全省统一的“学分认定”标准，对长、中、短期的农民培训、网络学习的课程、学时进行界定，对实践实训的成果和职业技术技能证书认

定学分实行统一标准。同时，在认证培训机构、选聘培训教师、管理培训资金、监督培训工作等方面建立起一套行之有效的质量保障体系和监督认证体系。

二、共建共享，建立全省“四联通”的培训资源网络

（一）建立联通全省教师资源的“课题组”

全省农民教育培训教师资源共享，在全省范围内统一协调地加强师资队伍建设，分产业、分专业遴选地方教学名师和知名专家，建设教学名师库、导师团和课题组，对农业发展新业态、新时代对农民的新要求、农民对技术能力的新需求进行研究，鼓励教师联合开发农民培训课程、教材，并根据需求的变化及时进行授课内容和教材的更新。

（二）建立联通全省课程资源的“项目库”

以地方主导产业、特色产业的发展需求为基础，鼓励每个地区根据教育培训优势开发特色培训课程，形成各具特色和优势品牌培训项目。同时立足全省现代农业发展需求和乡村振兴战略人才需求，联通共享全省特色培训课程，各个地区、培训机构合作，着重打造具有浙江特色的培训项目。根据每个培训项目和培育对象特点，制定“人才培养方案”，每个项目各自形成一套包括具体的培训课程、师资配备、实训基地、跟踪服务等训前、训中、训后一体的培训菜单和培养方案，探索“订单式”全套施教模式。

（三）建立联通全省现场学习实践资源的“基地网”

浙江农民大学、各个农民学院、涉农高校和科研院所、农业龙头企业等建立联盟和长期合作办学关系，共享共建现代化农业园区、实践实训基地、科研实验室等农民教育培训示范基地，形成全省现场学习实践网络，使现场学习实践常态化。

（四）建立联通全省信息化教学资源的“云平台”

整合全省信息化教学资源，建立具有线上学习、线上管理评价考核、线上技

术咨询等功能的全省农民教育培训信息化学习云平台，探索实施“互联网＋农民培训”，克服偏远地区农民培训不便的瓶颈，扩大培训范围、打破学习时间限制、提高培训效率、降低培训成本。同时，加强培训机构、科研院所、高校、政府等部门的沟通协作，全面整合培训资源，开发适合农民的“互联网＋农民职业教育”的慕课、网络课程、微课程等形式的课程和实用性强的技术指导短片，建设网络教学资源库。

三、供需对接，开展“个性化”的农民教育培训

（一）因需施教，分类、分层开展培训

针对当地区域经济发展现状、现代农业发展需求和农民的实际需求，分类型、分产业、分等级制定培训标准和人才培养方案，组建教学班，为农民开设农业基础知识、现代农业技术知识、智慧农业与电子商务、经营管理与人文素养教育等大类的课程，包括公共必修课和选修课，形成农民教育培训的“课程超市”，农民根据人才培养方案按需选课。在一个农民培训班中，农民学员大班集中修读必修课程，小班自主选择选修课程，农民也可以考取相应的职业技能证书冲抵学分，修完规定学时、学分即可结业。

（二）因材施教，实施多样化培训模式

针对农民素质高低不一、认知能力不同、对生产技术、经营管理知识的需求多元的特点，在开展教育培训的过程中充分利用“校内”“校外”“线上”三个场所，改革组织形式，因材施教、按班施教。校内创新课堂学习形式，除了专家讲座论坛，可增加农民经验分享、座谈沙龙、情景教学等形式。同时进一步增加校外现场参观体验、实践实训和线上按需自主学习的课时，实行个性化、多元化教学模式。

（三）全程施教，延伸训后跟踪服务

调研发现农民更渴望专家进行一对一技术帮扶，所以在培训过程中应该注重训中与训后跟踪服务的无缝衔接，建立学员“终身”被指导的训后服务机制。

培训机构要发挥教师、科技人员优势，并充分利用农民移动学习云平台，建立导师负责制、信息联动制，搭建训后跟踪服务体系及网络，对农民进行短期或长期正式培训后，继续对其进行技术指导、创业指导、经营管理指导等一系列的跟踪服务，“一对一”帮助农民学员解决生产、管理、经营实践中的现实难题，为农民提供全方位的服务。

四、夯实基础，确保“全方位”的软硬件保障

（一）营造农民“想学习”的社会风气

政府对农民教育培训信息的宣传，会产生价值导向、信息刺激、政策指引和权威带动，刺激农民潜在教育需求或增加对培育效果的认识，因此要进一步加强农民教育培训的宣传，增强农民参与培训的积极性，变“让你学”为“我想学”，营造良好的学习氛围。同时，进一步创新培训信息传播的方式和渠道，扩大培训范围，确保每一位农民，特别是偏远地区的农民能够获得培训信息。

（二）建立教师“乐施教”的激励机制

师资队伍是提升教学质量和提高农民评价的有力保障，要进一步加强师资建设，健全农民教育培训教师的激励、考核机制，提升教师上课课酬，增加训后服务补贴，并对农民教育培训有特别贡献的老师、专家在工作评先评优、职称评聘、职务晋升等中有所倾斜，提升教师进行农民教育培训的积极性。同时，加强教师的“师德”培养和服务“三农”的责任意识培养，使老师“爱农业、爱农民、爱授业解惑”。

（三）加强农民教育培训的理论研究

增加省、市级社科类科研项目中农民教育培训的比例，鼓励教师、管理人员进行基础理论研究，加强对培训信息的采集、分析和预测，强化调研意识，培训机构定期与培训教师、基层农技员、农民等进行交流调研，对农民培训需求进行充分的评估研究，有效对接不断发展变化的农民培训需求。

(四)多元化的资金投入渠道

在增加政府主导的公共财政资金投入的同时应该允许培训单位和机构拓宽资金筹备渠道。政府制定针对培训机构的优惠政策,积极吸纳社会流动资金,完善资金进入渠道,并争取培训机构能获得较大的政策、资金和技术支持,或加大政策引导,使企业私立培训机构更主动地参与农民教育培训工作。

第二篇

创业型职业农民培育的案例及实践

创业型职业农民创业形式和途径具有多样化的特点，以农庄、农场、民宿、加工、销售等业态和模式为载体能够体现其层次多元化和产业链多节化的易连接、好贯通的特色，但是由于农业产业本身易进入、显效慢、重维护、难创新的“门槛”，使得创业型职业农民在创业过程中需要自身资源和外部支持的“双元要素”投入。因此，本篇以家庭农场、民宿这两种当下农业创业最热门的农业新业态为例，从概念梳理、过程实施探究及案例挖掘三方面对创业型职业农民在创业过程中所需各方面支持进行概括和总结，以期为农业由传统向现代、农民身份由职业种地向职业经营转变提供借鉴。

第四章

创业型家庭农场主培育理论与实践

培育新型农业经营主体是优化产业结构和资源配置，推动实现传统农业向现代农业转型，提高农产品在国内和国际市场竞争力的关键举措。家庭农场作为新型农业经营主体的重要组成部分，在提高农业集约化经营水平、激发农民生产积极性、释放农业的潜力中发挥的作用日益凸显。这就急需培育一批具有农业专业知识、创新创业精神和能力的创业型家庭农场主涌入农村就业创业。

第一节　家庭农场及创业型家庭农场主

一、家庭农场的概念及特征

我国开始推行“统分结合的双层经营体制”的家庭联产承包责任制是在20世纪80年代初期。党的十一届三中全会以后，在党中央的积极支持和大力倡导下，家庭联产承包责任制逐步在全国推开，农业生产重新确立了家庭生产经营的核心地位。党的十八届三中全会以来，以“生产责任制”为基础的家庭联产承包经营制度正在转变为以“土地承包经营权”为基石的土地产权制度，同时不断强化家庭农户的市场地位。2013年“中央一号”文件正式提出，通过规范和加速土地流转，推进新型农业生产经营主体建设，特别是要大力推进家庭农场、专业大户、农民专业合作社的发展，提出在坚持家庭联产承包责任制的主体地位下，发展家庭经营的优势，创新农业生产经营形式，推进适应我国农业现代化、集约化、商品化发展的经营体系。[①]

家庭农场是一个外来词汇，最早起源于欧美国家。美国将“家庭农场”定义为以农场主为主要管理和决策者，能够生产及销售农产品且农产品销售数量超过所在社区范围，劳动力主要来源于家庭成员并可以雇佣工人，能够获得足够的收入来支付家庭及农场运行的成本的经营实体。在我国，家庭农场是指以家庭经营为基础，以家庭成员为主要劳动力，从事规模化、专业化、集约化、商品化农业生产经营，并以农业收入为家庭主要收入来源的新型农业经营主体。[②]

根据我国当前的国情，家庭经营仍然是发展农业的主要形式，家庭农场集家庭经营和现代化的生产要素为一体，作为一种新型的农业经营组织形式，其具有以下特征和优势：

(1)家庭农场主与家庭成员是主要的劳动力。家庭经营在整个生产经营过程占主导地位，劳动力来源主要是家庭农场主和家庭成员，家庭农场主是主要的经营、管理人员，家庭成员会把家庭的利益视为自身利益，所以会有效实现监督成本最低化、管理效率最高化，区别于工商资本的雇工农业。当然，在农忙或必要的时候可以雇佣工人，雇佣工人的数量和工作内容等由家庭农场主根据劳动强度、生产类型、机械化水平和劳动成本来决定。

(2)具有一定的生产规模。家庭农场具有适度的生产规模，通过土地流转扩大承包经营面积，规模高于普通农户，家庭收入也会高于普通农户和当地城镇居民的家庭年收入。但是生产规模也受到家庭的劳动能力、管理水平、经营能力的限制，中国的国情适合发展“适度规模”的家庭农场，而不是大规模农场经营。

(3)生产面向市场，商品化程度高。家庭农场从事的生产经营活动不是像农户一样为了自给自足，而是面向市场，无论家庭农场是以什么形式登记注册，其必然是一个自主经营、自负盈亏的经济实体，以家庭为基本的核算单位。家庭农场的生产和经营以市场需求为导向，通过生产活动的组织及产品的销售来获得最大化的利润，这就要求所生产的产品商品化。

---

① 王贻术．我国家庭农场发展研究[D]．福建师范大学，2015.

② 李丹．我国家庭农场发展现状、问题及对策研究[D]．福建农林大学，2017.

(4)现代化的生产、经营、管理模式。家庭农场需要实现利润最大化,就要求生产技术和经营管理水平要显著高于普通农户。家庭农场现代生产技术与科学化管理相结合,善于运用新品种、新技术、新设备,机械化和集约化程度高。家庭农场主拥有一定的管理能力和市场敏锐度,善于降低生产成本和在生产经营过程中产生的交易成本,家庭农场的抗风险能力也显著高于普通农户。

二、发展家庭农场的重要意义

发达国家农业生产经营的主要方式是家庭农场,主要是大规模的家庭农场。我国的基本国情和农业生产的自然性、区域性和季节性的特点决定了家庭农场在我国是可行的,家庭生产经营可以实现生产权利和责任深度融合以及农业的自然性和社会化深入融合,是当前新型农业生产经营主体的最好形式,其在农业生产实践中证明其是有生命力的。

(一)家庭农场是家庭联产承包责任制的升华

家庭联产承包责任制作为我国改革开放初期的一项重大制度创新,突出家庭经营的优势,使农民获得了生产经营自主权,极大地解放了农业生产力,充分地调动了亿万农民的生产积极性,促进了农业的大发展。但随着经济社会和现代农业技术的快速发展,农户小规模生产与农产品大市场的矛盾日趋突出,家庭联产承包过度分散、碎片化经营的模式已经不能适应农业现代化发展,这就要求农业的生产经营组织形式要进行改革创新,但无论是如何创新,我国的国情决定要在家庭经营的基础上进行创新,家庭经营的内涵不能抛弃,家庭经营走上了规模化、市场化的道路,家庭联产承包责任制的优势就能进一步发挥。家庭农场尽管在一定程度上是资本与农业的结合,但是每个家庭劳动力会完全基于家庭的利益需求而自发地付出全部的劳动,并没有背离家庭经营的内核,在市场机制的作用下,其生产经营效率会得到明显提升,能够促进家庭联产承包责任制的完善。①

(二)家庭农场能够有效吸纳农村剩余劳动力

家庭农场具有较高的经营效益,能够吸引一部分农村青壮年劳动力留在农

---

① 郭家栋. 中国家庭农场发展研究[D]. 上海社会科学院,2017.

村从事家庭农场生产经营，有利于避免农村劳动力盲目流向城市，促进农村剩余劳动为有序转移。而农村剩余劳动力向城镇的有序转移，又为家庭农场扩大生产经营规模、发展状大创造了有利的条件。家庭农场虽然已利用先进农业生产技术，机械化程度也提高，但是整体水平不算高，还需要较多的劳动力，特别是农忙时节，需要雇用当地劳动力特别是留守农村的老弱妇劳动力。

（三）家庭农场是促进农村土地流转，实现农业规模化、集约化经营的有效途径

农业集约化经营是指在一定面积的土地上投入较多的劳动、资金和技术，取得较多的单位面积产量，又能减少每单位产品劳动耗费的一种农业经营方式。家庭农场是专业务农的市场化新型农业经营主体，是农产品的生产者，也是经营者，其生产及经营行为需要紧靠市场导向在适度生产规模的基础上进行农业集约化、商品化发展，改变小农户在市场中的弱势地位，显著提升了市场中的竞争力。家庭农场经营者一般在自己所在村经营，与周边村民存在农村宗族关系或血缘关系，这种道德约束作用使家庭农场经营者具有较高的可信度，降低了土地流转的风险和交易成本，因而更有利于土地流转。但是我国的家庭农场不可能走欧美国家那种大规模机械化发展之路，只能按照我国的自然资源禀赋进行适度规模的发展。

（四）家庭农场是促进农业企业化的必经过程

虽然当前发展农业企业比较困难，但是是未来农业发展的出路。家庭农场作为一种生产组织形式，积极扩大生产规模，提升农业技术水平、提升劳动生产率和土地产出率，主动使用先进机械、引进优良育种、利用“互联网＋”、打造品牌、拓宽购销渠道等，努力提升利润，当达到一定规模之后，家庭农场就可以向以市场为导向的农业企业转型。家庭农场是个体农户和规模企业之间的平衡点，具备农业企业化的某些特征，是实现农业企业化的基本前提条件，是农业企业的前置阶段。

三、家庭农场认定

家庭农场在我国处于起步阶段，全国还没有制定统一的认定标准和政策规

范，对于家庭农场的申办类型、登记类型没有统一的要求，对于家庭农场的注册登记问题也没有做强制性规定。但是很多省份已经在积极探索鼓励创办家庭农产，也根据当地的实际情况出台了地方性的政策，在家庭农场的认定标准方面均强调了劳动力来源、土地规模、种养范围、技术水平、准入条件等，部分省份还对家庭农场主的学历水平做出了要求(见表 4.1)。

表 4.1　　部分省份关于家庭农场的政策

省份	申办条件	相关文件
山西省	1. 经营者应是有农村土地承包经营权的农户。 2. 以家庭成员为主要劳动力，常年雇工数量不超过家庭务农人员数量。 3. 以农业收入为主要收入来源，农业净收入占家庭农场总收益的 80%以上。 4. 以家庭承包和流转土地为主要经营载体。 5. 经营规模达到一定标准并相对稳定，其中，从事粮食生产的，小麦种植面积在 50 亩以上，玉米、杂粮种植面积在 100 亩以上；从事露地蔬菜、瓜果、棉花、油料、甜菜、烟叶、药材生产的种植面积在 50 亩以上；从事设施农业的建筑面积达到 10 亩以上；从事水果业的种植面积达到 20 亩以上，从事干果业的种植面积达到 50 亩以上；从事养殖业的，生猪年出栏 500 头以上，羊年出栏 300 头以上，肉牛年出栏 100 头以上，奶牛年存栏 100 头以上，蛋禽存栏 1 万只以上，肉禽年出栏 5 万只以上，从事种养结合的综合型家庭农场河草、饲料作物种植面积达到 50 亩以上。 6. 家庭农场经营者应接受过农业技能培训。 7. 家庭农场经营活动有比较完整的财务收支记录。 8. 对其他农户开展农业生产有示范带动作用	《关于认定家庭农场的暂行意见》
陕西省	1. 家庭农场劳动力以农户家庭成员为主，无常年工或常年雇工数量不超过家庭务农人员数。 2. 家庭农场以农业收入为主，农业收入应占家庭总收入的 60%以上，年总收入在 10 万元以上。 3. 生产经营相对稳定，土地流转期或承包期在 5 年以上。 4 家庭农场经营者应接受过相应的农业技能培训，掌握相应的农业生产经营知识和技能，有生产经营记录，有会计核算资料。 5. 产品商品率达到 95%以上。 6. 产品应达到无公害农产品或以上安全标准。 7. 经营规模达到一定标准。一般情况下，从事种植业的，粮食耕种面积应在 100 亩以上(陕北 200 亩以上)，果园面积 30 亩以上，设施蔬菜面积 20 亩以上，茶园面积 50 亩以上；从事养殖业的，牛存栏 100 头以上，猪存栏 300 头以上，羊存栏 200 只以上，鸡存栏 1 万羽以上；从事种养结合或特种种养业的，可适当放宽条件	《陕西省家庭农场认定办法》(试行)

续表

省份	申办条件	相关文件
山东省	1. 劳动力来源必须是家庭成员和家庭农场经营者。 2. 务农收入应该是家庭农场的主要收入来源，至少要占到70%以上的比例；土地流转合同不能低于5年，流转合同要报县级农业主管部门备案，且不能违背法律的强制性规定。 3. 种养结构需合理，符合当地农业(经管)部门的要求，符合国家的产业政策；家庭农场登记类型申请人可以自愿选择，但必须是法律允许范围内	《山东省家庭农场登记试行办法》
湖北省	1. 家庭农场的经营者应为农村户看或具有农村土地承包经营权资格的自然人，但不限定本村或本镇范国；如果超出这个范围，可以申报县级农业主管部门批准。 2. 经营范围必须是从事农业种植、养殖或种养结合，必须要符合国家对于农业产业政策的要求。 3. 最低规模必须达到本办法的要求，最高规模由县级农业主管部门按照当地情形自行确定。 4. 土地承包经营权的期限不低于5年，土地流转合同必须要报县级农业主管部门备案，土地流转合同不能违背法律的强制性规定。 5. 登记类型可以由家庭农场经营者自行确定，但不能违背法律的规定	《关于做好家庭农场登记管理工作意见》

很多省份专门制定了省级示范家庭农场的认定标准，示范家庭农场实行县级示范、市级示范、省级示范逐级认定制度，申报省级示范的家庭农场必须是已获评市级示范的家庭农场。例如江苏省省级示范家庭农场的认定标准为：

(1)家庭经营。以家庭为基本经营单位，生产经营活动主要依靠家庭成员，常年雇工数不超过3人(劳动密集型家庭农场可适当放宽)。家庭农场主具有相当于高中及以上学历或相应的农业生产技能，年龄不超过60周岁。家庭农场经营收入为家庭主要收入来源。

(2)规模适度。经营的土地相对集中连片、规模适度，流转土地有规范的土地流转合同。种养规模上限原则上分别为：从事单一产业的，粮食种植面积600亩，露天园艺作物面积200亩，设施栽培面积100亩，肉禽养殖年出栏50 000羽，蛋禽养殖存栏15 000羽，生猪养殖年出栏3 000头，奶牛养殖存栏200头，肉牛养殖年出栏300头，肉羊养殖年出栏800只，水产养殖面积200亩；从事多种产业的，主要产业规模上限不超过上述标准的70%；从事其他未及的特色农业产业的，年产值不低于30万元且土地经营面积不超过50亩。

(3)技术先进。运用新品种、新技术、新模式，配备生产经营活动所需的物质技术装备，或以互助、购买等方式获取较高水平的农业社会化服务。粮食种植类家庭农场基本实现粮食生产全程机械化。养殖类家庭农场配备了与其生产能力相匹配的标准化生产设备。

(4)运营平稳。生产经营场所有家庭农场标识牌。诚信守法，遵守国家产业政策和禁止性规定，符合地方农业产业规划布局。有比较真实完整的生产销售和财务收支记录。统筹资源要素、防范风险和市场营销能力较强。已纳入农业农村部农场名录系统和全省家庭农场名录。

(5)质量安全。严格执行农产品质量安全标准或规程，有各类投入品购买、使用等生产记录。使用高效、低毒、低残留农药和生物农药，控减化学农药用量，保障生产安全、产品安全和生态安全。近三年无较大的农产品质量安全事故。

(6)绿色生态。采用绿色防控、精准施肥施药、农业废弃物资源化利用等技术，实施废弃物资源化利用。粮食种植类家庭农场的秸秆综合利用率100%。畜禽养殖类家庭农场有满足防疫需要的设施和设备，养殖场所达到标准化要求，实行病死畜禽无害化处理，养殖污染治理达标。种养结合类家庭农场采用循环农业生产模式。

浙江省的省级示范性家庭农场创建必须是县级以上示范性家庭农场、专业从事农业生产3年以上，并具备以下条件：

(1)有资质。按照《浙江省家庭农场登记暂行办法》，经工商登记有营业执照，领用发票，有生产经营场所，实行财务核算管理。

(2)有技能。农场主长期、稳定、专业从事商品化农产品生产，具有相应的知识技能；以家庭成员为主要劳动力；采用先进实用技术，先进科技应用面达到90%以上。

(3)有规模。经营土地的流转年限至少在5年以上，并签订规范的流转合同，流转期限内不得转包；规模下限是当地县级农业部门认可的规模经营标准；经营规模与家庭成员为主要劳动力相适应。

(4)有设施。有生产设施用房或附属设施用房，生产设施装备与生产规模相配套，机械化水平较高或接受较高的社会化服务。

(5)有规范。实行标准化生产，生产记录齐全，产品使用或注册品牌，质量可追溯；遵守国家产业政策和禁止行为规定，生产经营活动诚信守法；对当地农业生产示范带动作用强。

(6)有效益。土地、劳力、资本要素配置合理,土地产出率、劳动生产率高于同行业全省平均数30%以上;农场收益是家庭收入的主要来源,成员人均收入相当于或高于当地城镇居民可支配收入。

对从事"米袋子""菜篮子"产品生产,实行农牧结合、生态循环的家庭农场,予以优先推荐申报。

四、创业型家庭农场主概念

(一)家庭农场主

家庭农场主一词是发达国家的"农场主"一词的延伸,在美国、加拿大以及欧洲国家,农场主指土地拥有者,也是农场的经营者,一般拥有大面积的土地面积,负责管理农场,计划、培育、收割活动,雇佣、培训和监督农场工人,制定成本、生产记录,维护和修理机械,是以经营农场为职业的农民。资本主义国家里的农场主也叫农业资本家,是一种职业。

在我国家庭农场主与传统意义上的农民相比较,是传统农民的转型和升级,是指拥有适度规模的土地,以家庭农场为单位,以家庭经营为基础,进行规模化、集约化、专业化农业生产、经营,并在其中起主导作用的职业农民。家庭农场主与传统农民相比,具备较强的业务能力和较高的素质,掌握现代化农业技术、具备现代农业发展水平,面向市场并结合社会化的发展要求,向职业化、专业化过度的法人农民。

(二)创业型家庭农场主

创业型家庭农场主,顾名思义,是以家庭农场为载体并以孵化、创建家庭农场为目的的善于利用先进生产管理理念、科学生产技术、各类政策进行创新创业的家庭农场主,与普通家庭农场主相比更具有创新创业精神,是新时代推动现代农业发展的新农人。以返乡创业的农民工、退役军人、大学生为主力军。

(三)青年农场主

2015年,农业农村部联合教育部、共青团中央发布《关于组织实施现代青年农场主计划的通知》,青年农场主被首次提出。现代青年农场主培养计划”旨在吸引和扶持农村青年创业兴业主要针对的对象是18～45周岁之间的种养大户、家庭农场经营者、农民专业合作社骨干、返乡创业大学生、中高职毕业生、返乡农民工和退伍军人,最终目标是通过培训指导、创业孵化、认定管理、政策扶持和跟踪服务等系统培育,打造一支创业能力强、技能水平高、带动作用大的青年农场主队伍。青年农场主是创业型家庭农场主的外延,是指具有一定农业产业规模和基础,以种养大户、家庭农场、农民合作社为组织形式,专业从事农业生产经营,家庭收入以农业生产经营为主,具有高中以上学历,年龄在18～45周岁之间的农业生产经营者,不仅包括家庭农场主,也涵盖所有从事现代农业创业的青年。

现代青年农场主是创业型和管理型的职业农民,他们比普通的农民年轻有活力,学习能力较强,具有较高的文化素质,有一定的资产支撑,接受过比较系统的现代农业知识和农业经营管理知识的培育,对相关的法律法规和农业政策比较熟悉,并且拥有与时俱进的现代化发展理念,掌握专业的职业技能,有基本的从事农业的道德素养。现代青年农场主是农业现代化建设的主力军和引领者,他们通过自己的努力带动周围产业发展,推动农业经济快速增长。

第二节　创业型家庭农场主培育模式

一、创业型家庭农场主基本素养

当前我国大部分的家庭农场主是农民出身,所以他们身上带有农民气质特征,勤劳、憨厚、实诚、任劳任怨,他们的优点比较鲜明,从事农业的信念比较坚定,一时的挫折和损失,基本不会影响他们对家庭农场发展的信心,他们具有积极进取、敢于冒险的精神,通过不断学习农业专业知识,积极思考,促进家庭农场技术管理水平等方面的发展,具有一定的交际沟通能力。但是当前家庭农场主的小农特质还没有完全褪掉,对新鲜事物的认知和接纳能力不够,对市场和政策等认识不足,缺乏现代经营管理的理念,对未来的发展缺乏长远的、科学的规划,应对风险的能力不强，灵活性不强，管理能力不强，对财务管理、成本管理、人力管理等随意性较大。①

家庭农场主是家庭农场的核心人物，在家庭农场中的地位是多元的，具有管理者、经营者、劳动者及所有者的四重身份，其思路、眼界、理念决定着农场的发展方向，其知识、能力、素质、品格以及职业化程度，决定着家庭农场的可持续发展水平。这对家庭农场主的素养提出了更高的要求，特别是创业型的家庭农场主，应该具备以下的素养：

(1)创新创业的精神。创业型家庭农场主首先具有强烈的创业创业意识和自信、自强、自立的创业精神，思想和行动上有充足的创业准备，将创建家庭农场作为奋斗的目标，不被外界环境所影，敢于冒险、敢于实践、勇于挑战。

(2)完善的人格和良好的心理素质。从事家庭农场的创业要热爱农业、农村、农民，家庭农场主要将农业创业作为自己甘于奉献的事业，有强烈的事业心和责任感。农业创业的投资较大，资金回收期较长，而且非常辛苦，这就需要家庭农场主要有坚忍不拔、不屈不挠、持之以恒、顽强努力、吃苦耐劳的精神品格。农业受自然环境、政府政策、市场等的影响较大，有台风、干旱等不可抗拒的自然灾害风险、贷款风险、土地流转风险等，家庭农场主要有积极向上、乐观开朗的心态，有较强的抗打击能力，在遇到困难挫折时不灰心丧气、不消极悲观，还应具有较强的适应性和心理调适能力，善于总结经验和吸取教训，能够面对现实及时做出适当的调整。②

(3)过硬的专业技术技能。家庭农场主是家庭农场生产的主要参与者，特别在创业初期，家庭农场主要参与到生产的全过程中，创业更多的是自我雇用型创业。农业生产对技术要求比较高，这就要求家庭农场主要具备过硬的农业生产技术技能，基本能够解决生产中遇到的技术难题，只有技能水平较高，才能在创业过程中充分发挥人力资源价值。家庭农场的发展离不开农业技术的进步，也离不开农业技术的更新和推广，家庭农场主的技术技能水平也决定了家庭农场应用新品种、新技术、新设备的能力。

---

① 高浩翔．现代青年农场主政治素养研究[D]．安徽农业大学，2017.

② 杨灿君，曹鹏，姚兆余．家庭农场主的企业家能力发展困境及原因[J]．黑龙江农业科学，2016(12)：121－126.

(4)较高的经营管理水平。家庭农场主是家庭农场的决策者和管理者，还应具备一定的领导能力，善于运用现代企业管理理念进行生产管理、资源管理、产品营销等，只有经营管理水平高，才能在变化的环境中发现和处理相关市场信息，也能应对参与市场竞争中所要面对的市场化风险和避免投资决策的盲目性，为家庭农场的发展方向提供指导。家庭农场主应该成为商品观念先进、市场意识敏锐、管理水平科学的现代家庭农场主和农民企业家。

(5)信息技术素养。应用物联网、云计算、大数据、移动互联等现代信息技术已在农业、农村得到普遍应用，家庭农场主在农业生产中需要管理和控制的信息量也在不断增加，对信息处理和控制的要求也越来越高，运用计算机技术对信息进行管理和控制已成为必然的趋势。家庭农场主不仅要会使用即时通信软件、office 软件、多媒体应用等技术，还能顺应时代发展趋势发展电子商务。

(6)较高的综合素质。当前对家庭农场主的要求不仅仅局限于农业生产技术和管理水平，还要求他们具有较高的综合素质，一般包括政治素养、职业道德素养、法律知识素养、文化涵养素养、服务理念素养、社会责任素养等。

二、创业型家庭农场主培育思路及重点

2015 年 6 月，国务院出台《关于支持农民工等人员返乡创业的意见》(国办发〔2015〕47 号)，指出支持农民工、大学生和退役士兵等人员返乡创业，通过“大众创业、万众创新”等多种形式促进农业发展，并围绕着基础设施、创业服务体系、政策措施以及组织实施等方面为返乡创业人员整合相关资源，完善扶持优惠政策，优化返乡创业环境，全面激发农民返乡进行农业产业创业的热情，创造更多的近乡就业机会。

2019 年，我国启动家庭农场培育计划，中国农业农村部联合国家发展改革委、财政部等 10 部门出台《关于实施家庭农场培育计划的指导意见》，鼓励鼓励乡村本土能人、有返乡创业意愿和回报家乡愿望的外出农民工、优秀农村生源大中专毕业生以及科技人员等人才创办家庭农场，实施青年农场主培养计划，对青年农场主进行重点培养和创业支持，并要求发挥典型示范作用，以点带面，以示范促发展，总结推广不同类型家庭农场的示范典型，提升家庭农场发展质量。到 2022 年，支持家庭农场发展的政策体系和管理制度将进一步完善，家庭农场生

产经营能力和带动能力得到巩固提升。

培育创业型家庭农场主，提升其创业能力和综合素质的重点是要根据创业型家庭农场主所要具备的基本素质，规范培训内容，创新培育形式。

在规范培训内容方面，要发挥职业农民培育师资库的作用，邀请优秀创业导师、成功创业人士、资深专业教师和熟悉产业发展的人士授课，主要培训内容除了围绕产业生产经营知识和技能开展培训开展培训外，还要包括农民素养与现代生活、现代农业生产经营、农业支持保护政策、现代农业创业辅导、家庭农场经营管理、农产品电子商务、农产品质量安全、美丽乡村建设等通用课程。①

在创新培育方式方面，各级农业行政主管部门要充分发挥农业广播电视学校、农业院校、科研院所、推广机构、龙头企业以及其他各类市场主体的作用，遴选确定一批培训机构和孵化基地，并向社会公开。各类培训机构要按照"一点两线、全程分段"的要求，组织专家团队，配备创业导师，开展集中授课、实习实训、参观考察等形式多样的培训。对产业基础好的培育对象，重点给予产业发展支持和指导；对其他对象，组织到创业孵化基地进行实习实训。各级农业行政主管部门要将培育对象纳入生产经营型职业农民队伍进行动态管理，积极协调有关部门，将现有支持新型农业经营主体的土地流转、产业扶持、金融信贷、农业保险、税收、示范社评选、农业基础设施建设、农业科技服务等政策向培育对象倾斜。

三、创业型家庭农场主培育模式类型

人才培育模式是指根据具体的培育目标和人才规格，在一定的社会经济条件下，形成的相对稳定的教学内容和课程体系、管理制度和评估方式的理论体系。它主要包括培育目标、内容、评价、效果保障等要素。

（一）招生、培养、服务一体化的青年创业型家庭农场主培育模式

在农业劳动力逐渐老龄化的趋势下，对"爱农、懂农、务农"的青年创业型家庭农场主培育迫在眉睫，激活他们的创造活力，为农村注入新鲜血液，为发展高科技农业提供强有力的人才支撑，是实现农业现代化的有效途径。培育青年创

① 王莹丽．创业能力、创业榜样对家庭农场创业绩效的影响研究[D]．华中师范大学，2017.

业型家庭农场主关乎我国农业未来的发展。

青年创业型家庭农场主培育模式就是以培育高素质、高能力、高水平的现代青年农场主为目标；以专业知识、农业技能、职业素质、创业理念、管理知识为培育内容；以培育机构通过学员培训反馈信息，对实现培育目标采取的措施进行分析和价值评判的人才培育模式，是以创业需求为导向所开展的创业教育与培训。农场家庭成员也应对自己的学习负责，积极主动地寻求和利用多种学习途径，并制定出相应的人力资源开发计划，以提高家庭农场竞争力，形成家庭合作精神，增强家庭凝聚力。农业广播电视学校、农业院校、科研院所、推广机构可以发挥培训经验丰富、培训平台完善、师资力量充足等优势，开展招生、培养、服务一体化的青年创业型家庭农场主培育。

1. 自主报名、择优录取，把好“准入关”

坚持自主报名、择优录取相结合，既充分满足广大农民报名的意愿，又严格把关培养对象的准入，为提高青年创业型家庭农场主培养质量奠定基础。

拓宽渠道，自主报名。为避免培训人员经常出现“老面孔”的现象，要积极拓宽报名渠道，既通过省、市农业部门、科技部门推荐方式，又通过媒体、网络、微信报名等形式，接受所有符合条件的广大农民报名，着重选拔年龄在18～45周岁之间、具有高中以上文化程度、有从事农业生产经营意愿、有较大发展潜力的青年农民。

分层选拔，择优录取。学员要想成为农场主培养对象要过“一道门槛”，成为农业发展领军人物培养对象要过“两道门槛”。第一道门槛就是通过预培训和考核，从中择优录取100名左右的人员作为青年创业型家庭农场主培养对象，对他们进行一年培训；第二道门槛就是经过一年培训后，再从这批培养对象中选拔30名学员，作为农业发展领军人物培养对象，并进行3年跟踪培养。

2. 学以致用、训以致创，把好“培养关”

坚持理论与实践相结合、学校培养与学员创业相结合，既提升学员的理论水平，又提高实践能力，真正做到学以致用、训以致创。

按类开课，按需选课。根据“农民需要什么、我们就培训什么，什么方式适合农民、我们就用什么方式培训”的原则，结合现代青年创业型家庭农场主所必备的能力需求，自编培训教材，推出课程超市模式，学员可根据现代农业产业发展和自身能力提升要求按需选择。可以开设四大类课程，涉及公共必修课和选修课，第一类是农业基础知识课程，第二类是现代农业技术知识课程，第三类是智慧农业与电子商务等新型课程，第四类是经营管理与人文素养教育课程。按照大班集中培训、小班自主选课培训、学员自学相结合的学习方式，修完规定学时才能结业。同时，学员经批准还可到全日制高职班级或举办的各类培训、专题讲座听课，学院根据学员听课课时来充抵学时。①

理实结合，学以致用。在抓好课堂培训的同时，注重将课堂理论知识推广应用到学员的生产经营管理实践中。根据学员的申请到全国各地农业龙头企业、现代农业园区业、知名电商企业等地参观考察，重点学习农产品电子商务、新型农服务基地建设、农业信息化建设、大型农场生产经营管理等先进理念与成功经验。此外，还为学员“定制”市级农场主实训示范基地，并定期组织专家到现场指导开展教学实践活动，让学员从中学到真本领。

创业辅导，训以致创。开展创业技能辅导。按照“导师＋项目＋基地＋农户”模式，邀请优秀创业导师、成功创业人士对学员开展创业理论教育和实践指导。搭建创业平台载体，加快创业项目孵化，帮助青年创办家庭农场。

3. 牵线搭桥、全程跟踪，把好“服务关”

坚持训间服务与训后跟踪相结合，积极统筹政府、学校各方资源，为学员提供持续不断的创业指导和技术支持服务，务求培训实效。

多方争取，牵线搭桥。一是为学员争取政策资金扶持。通过各种渠道向农业农村局、科技局争取农场主发展的相关政策与资金。二是为学员争取项目。帮助学员争取农场主示范基地项目、品种示范推广项目、农村青年创业创新项目等。三是为学员提升品牌。帮助、指导学员注册农产品商标、申报各级农业龙头企业、申请驰名著名品牌，提升企业品牌价值。

专家对接，全程跟踪。开展技术服务，对学员企业开展调研、技术指导与建设规划论证等活动。二是开展销售服务，指导学员开展电商业务，实行线上、线下同步销售。三是开展信息服务。利用公众微信号、微信群等信息平台资源，为学员发布农业生产经营相关政策法规、农产品供需情况等即时信息，让学员第一时间掌握农业发展动态。

---

① 罗志辉．创业拼凑、创业学习与家庭农场创业绩效关系研究[D]．湖南农业大学，2018.

（二）未来家庭农场主培训模式

未来家庭农场主培训是农业院校引导大学生在校创新创业的一种尝试，是培养能创新会创业、学农兴农人才，解决“未来谁来种地”的一个重要探索。农业院校跨学科跨专业组建办班，通过设立专项资金、组建专家团队、选派创业导师、指派专人指导、出台优惠政策等方面使在校大学生逐渐认识到现代农业是阳光的事业，是能赚钱的体面职业，并不断提高创新创业实战能力，鼓励、吸纳在校大学生从事农业，真正成长为家庭农场主或农业职业经理人。

(1)培养对象。农业院校中有家庭农场或种植大户的背景，或有较强的返乡农业创业的学生。

(2)培养时间。一年，分四个阶段。第一阶段：职业规划阶段，2 个月左右，以双休日为主；第二阶段：专业提升，1 个月集中学习；第三阶段，农场实战阶段，9 个月左右；第四阶段：老师、专家跟踪服务，时间为 9 个月。

(3)培养内容，具体分成三个阶段。

第一阶段：职业规划。

理论内容主要设置课程：调研报告撰写、职业人生规划、“三农”形势、农业创业政策、团队建设等。

实践内容：通过深入各地区的苗圃、农家乐、生态观光园等典型农场调查了解现代农业的发展现状，发现存在问题，并尝试提出建议对策。走访农业局、农科所等相关职能部门开展调研，了解、学习最新“三农”及大学生自主创业相关政策。

力求做好“十一个一”：联系一位家庭农场主；开展结对活动，作一次深入交流；当一周家庭农场主；为实践的农场做一次宣传；开办一个小型农场；开展一次农产品营销活动；开通一个微信平台；学一项专项技能；拍摄一份实践视频与照片；撰写一份调研报告；撰写一段实践感言。

第二阶段：专业提升。

通识课程：惠农政策与支农项目的申报；现代农业发展与新技术革命；农业法律法规；管理学原理；管理与沟通；市场信息的采集与分析；商务礼仪；农村金融知识等。

专业课程(含参观考察):品牌战略与商标注册;农产品营销相关知识;农产品经纪人相关知识;农业企业财务管理知识;农产品质量安全、有机农业和绿色农产品相关知识;电子商务相关知识;农业物联网技术;农产品快速检测技术;QS认证相关知识;新型农业经营主体培育与农业组织;水果(杨梅、瓯柑、红心柚、猕猴桃、蓝莓、葡萄等)栽培与管理技术;蔬菜栽培与管理技术;茶叶新品种栽培、管理及加工技术;生态循环农业;标准化基地建设(追溯、认证、安全管理);农产品储藏与保鲜;新农村休闲项目开发;其他相关专题等。

拓展课程:根据学生特点,选择若干门拓展课程。

第三阶段:农场实战。

每位学员选择一个家庭农场进行实战。学习与实践农业新技术。学习与实践家庭农场的创业落地,提高设计家庭农场能力。学会怎么才能把自己的理念与环境布局相融合,把自己心中的设想用图纸绘画出来,怎样让脑海中的模型出现在现实。切实地体验家庭农场主的经营,从学生到农民,到管理者,再到生意人,做到有知识、懂技术、善经营。①

第三节　创业型家庭农场主典型案例

在一系列的政策支持鼓励下,在各级农业广播电视学校、农业院校、科研院所、推广机构、龙头企业等努力培育下,特别是2019年我国启动家庭农场培育计划后,一大批农民工、大学生和退役士兵回到农村结合当地优势创办家庭农场,涌现出不少创业典型。

一、农业专业大学生家庭农场主创业实践

有机农场主要是指在无化学用品(如农药、化肥、激素以及其他人工添加剂)的参与下,进行蔬菜、水果种植的地域。农场以科学化管理为标准,天然绿色为理念进行水果蔬菜种植。

有机家庭农场是家庭农场主遵照一定的有机农业生产标准,在生产中不采

---

① 马俪．中部地区家庭农场创业环境研究[D]．华中师范大学,2018.

用基因工程获得的生物及其产物，不使用化学合成的农药、化肥、生长调节剂、饲料添加剂等物质，遵循自然规律和生态学原理，协调种植业平衡，采用一系列可持续发展的农业技术以维持稳定持续的农业生产体系的一种农场。此类家庭农场一般规模不大，由于劳动力主要是家庭成员，只要生产理念统一，生产过程能较好地监督、管理和把控，能较好地实现有机生产。

（一）农业专业大学生的创业历程

王祥，1994 年出生，温州科技职业学院设施农业专业毕业生，是一个年轻的创业型家庭农场主，他的农场位于天台县三合镇大横村与栗树园村交汇处，占地近 20 亩。他回家创办家庭农场的初衷是用自然农法还原生态链。

王祥的创业历程比较简单，他大学期间就开始了农业创业实践，参加了温州科技职业学院组织的未来家庭农场主培训班，还自主选择参加了学校的“三新”（新品种、新技术、新模式）创业项目。在大三那年他告别安逸的校园生活，来到距学校 30 多公里的学校实训基地——温州种子种苗科技园里深耕，他和另外四位同学组成一个团队，“承包”了 10 个蔬菜大棚，学校为他们提供农资、种子的等材料，制定生产技术、生产过程的全程管理、销售等所有工作他们全权负责，像是一个家庭农场，自负盈亏。他们耕种了番茄、南瓜、黄瓜、西瓜、板栗等果蔬，通过技术培育新品种、促进单亩增产，运用“互联网＋”销售模式，将传统农业的产出通过网店、微信的形式进行销售。每天早上 7 时起床，8 时不到便会扛着锄头到地里干农活，一忙活就是一天，工作虽然非常辛苦，但是心里异常踏实。也正是在学校创业实战的这一年，回家创办家庭农场的种子在王祥心里生根、发芽，所以一毕业他就毅然回家，在家里原来农场的基础上，流转土地，把家里的农场升级为家庭农场。

（二）创业理念及经营模式

王祥创办的家庭农场的名字是“天台县归真农场”，意思是：归真，回归本真，回归大自然。与其他普通的农场不同，农场里的所有蔬菜都是自然农法种植的。所谓自然农法，即对农作物不除草，不用化肥，不用农药，让它纯自然地生长。在王祥看来，大自然本来就有一条完整的生态链，他想做的是把已被破坏的生态链重新恢复良性自然循环，让更多家庭能分享自然、健康、风味的食品。王祥每天都在农场里整理土地、翻耕定植，除了种植蔬菜，为了打造循环农业，王祥在农场里还养了几头猪、一群鸭子，将多余蔬菜残渣喂猪鸭，猪鸭粪用来做堆肥，再返回地里，达到农业可持续发展的目的。

于传统农户而言，杂草会与农作物争抢养分。没有化肥，农作物就无法生长；没有农药，农作物就会遭受病虫害没有收获。从事了半辈子传统劳作的父母支持儿子搞农业，但无法理解儿子的自然农法。第一年，因为种种原因，农场入不敷出，父母和王祥产生了严重的分歧。因为没有施打农药，最开始菜的品相不是很好看，人们根本不相信这是没有打过药的。但是，顾客的“不买账”、父母的不理解，并没有打击到这位年轻的家庭农场主。毕竟才刚刚开始，大家现在只是还没有发现自然有机蔬菜的好处。为了让人们亲眼见证自家蔬菜确实是绿色无害的，王祥在农场引入采摘项目。先吸引一批顾客，提高知名度，再在那些顾客中寻找忠实顾客，应用 CSA（社区支持农业）模式进行蔬菜配送，让顾客体验农耕。

目前，王祥这种利用自然农法管理农场的做法得到了越来越多人的关注和认可，《台州日报》、台州电视台都对他做了专题报道，农场里采摘的人也络绎不绝，农场效益越来越好。他用实际行动，一步一步脚踏实地地实现他的有机农业梦。

（三）农业专业大学生创业启示

农业专业毕业的大学生受过系统的专业教育，具有扎实的农业专业知识基础、先进前卫的创业理念和一定营销管理能力，如果农业创业的信念坚定，又有一定的创业基础，就会成为推动传统的家庭农场向现代家庭农场转型的主力军。但是，创业是一件明亮而忧伤的事情。创业的过程也是一种心路历程，随着创业周期的变化，特别是对于刚刚踏入社会的大学生来说，农业创业的挑战还是很大的，会出现资金链断裂、相关政策了解不透、成效与预估的相差太远、家人的反对等问题，要经历创业亢奋期、创业低谷期、创业稳定期，这就要求创业者有吃苦耐劳、敢于冒险的精神，有坚定的创业信念，有不怕失败、善于自我调节的心理素质和不断学习进取的精神。

二、返乡创业大学生从事家庭农场创业实践

(一)创业历程

1984 年出生的陈香伟毕业于浙江工商职业技术学院艺术系。毕业之后就一直在外地经商,2006—2011 年他还经营了一家自己的房地产开发公司。但是在外经商多年,虽也有些成就,但心里总还是牵挂着家乡的山水人文,还有父亲苦心经营多年的水果基地和塆里村的水果产业。思考再三,陈香伟决定离开喧嚣的城市,毅然来到静谧的塆里村。从 2011 年至今他将满腔的热血投入水果产业,把自己的青春与智慧奉献给了家乡,自豪地成为了一名“新农民”。

2011 年刚回家,陈香伟就发现了家乡水果种植存在水果品种单一、果树老化、果园设施建设缓慢等诸多问题,这大大阻碍了现代农业发展的步伐。看到这种情况,陈香伟先在水果产品“优”“特”上做文章,注重品种的更新换代,始终以“人无我有、人有我优、人优我特”为目标,先后引进了宁海白荔枝枇杷、水晶白杨梅、红心猕猴桃、台湾葡萄柚、红美人柑橘等。通过精心管护,取得了 3 年挂果、5 年投产的成效。白荔枝枇杷一上市就得到了广大消费者的青睐,价格一度卖到了 30 元一斤,而且还供不应求。水晶白杨梅刚一成熟就迎来了新老顾客的抢购,价格也从刚开始的 80 元一斤涨到了 120 元一斤,而且还是一抢而空。塆里村其他种植户们看到新品种引进成功带来的巨大效益后,也纷纷对自己果园的老品种进行更新换代。陈香伟通过自己的努力,不仅让自己的果园的收入增加,还大大提高了村民的种植积极性,带动了他人一起致富。

为了打造塆里村成为休闲观光农业基地,陈香伟积极配合村里进行配套设施建设,修建一条长 5 000 多米、直通村“百果园”的公路,这样游客可直接开车到“百果园”采摘水果,大大缩短了“采摘游”的时间。陈香伟通过自己的公司投资 800 多万元兴建水果观光旅游带,新建、改建停车场,打造赏花品果的生态旅游线。此外,还建造了休闲游步道兼操作道 7 000 多米、建设引水管道 5 000 多米、管理和观光房 150 平方米、游客中心 500 平方米,农家乐 300 平方米。

(二)创业理念及经营模式

随着国家对农产品质量要求的逐步提高,而且消费者都想吃安全、放心的绿

色农产品，陈香伟意识到无公害生产已经迫在眉睫。他抓住这一时机，在全村推行现代生产技术操作规程，实行无公害生产。他在基地里悬挂了无公害生产操作规程标牌，详细标明从育苗、定植、施肥、浇灌、病虫害综合防治到采摘等全过程的技术要求，只选用生物农药，确保依据标准生产和无公害生产。他公司注册的“塆里”水果商标，相关产品也已经通过无公害农产品认证。

为了进一步加大水果产前、产中、产后各环节的科技开发力度，实现由传统生产向现代科技和现代经营管理为基础的现代生产转变，逐步建立起现代生产流通体系，提质增效，从而促进水果主导产业的发展，陈香伟个人投资了 30 余万元，建造了 100 立方气调冷库，对水果产品进行保鲜冷藏，有效地保持产品的外观、色泽、营养成分及风味物质，达到保质保鲜、延长食品保存期的目的。而且冷藏延长保质期后，还能起到调剂淡、旺季市场的需求，并减少生产与销售过程中经济损耗的作用，这样也减少了环境污染，保护了生态环境。

（三）创业启示

先进的生产技术、管理理念和运营模式在家庭农场的运营中发挥了重要作用，传统的家庭农场也需要现代企业管理理念。特别是种植型的家庭农场，要紧跟时代发展的步伐，建立质量控制体系，严格进行质量管理和生产基地的跟踪审查，保障产品的有机质量。陈香伟的学习经历，特别是到德国的 Dottenfeldehof 农场以及荷兰的 Stautenhof 农场、Cruijsen-Smits 农场等欧洲最具有代表性的现代生态农场参观学习的经历，对他影响深远，与德国、荷兰农场主深入交流，详细了解了现代生态农场的先进生产技术、管理理念和运营模式。除此，他还多次参加了村里组织的业务技能培训，特别是对新从事水果生产村民的技术培训，去温州科技职业学院、温州农民学院参加了温州市第二届“家庭农场主培训班”等学习。他积极将所学、所感、所悟的先进理念应用于农场的生产经营中，有效地推动了家庭农场的进一步发展。

三、种植休闲观光一体化家庭农场创业案例

种植休闲观光一体化的家庭农场是指在家庭农业生产的基础上，以一种主导产业为支撑，利用环境优势、人文优势和地理优势，拓展出旅游、休闲、亲子、果

蔬采摘甚至农家乐等功能的家庭农场。此类家庭农场比单纯的以农业生产为主的农场规模要大，投资也较大，对家庭农场主的经营管理能力要求也高，但是如果运营得好，收益也会高，是发展乡村旅游的重要载体。

（一）传统家庭农场的转型历程

在温州市文成县黄坦镇海拔400多米的严本村际公山背上有一个“花果山”，黄坦仙果园艺家庭农场就坐落于此，家庭农场的农场主是金玉堂，是个“60后”，从1994年就开始从事农业，一路摸爬滚打、跌跌撞撞，从农业“小白”变成了农业“专家”，把小小的家庭农场发展成为集果蔬生产、休闲、观光、采摘于一体的综合性农业园区。

金玉堂1994年前是在江西做木材生意的，对故土的思念和对农业的情结促使他回到老家黄坦镇，在自家农田的基础上又承包流转了100亩山头，成立了家庭农场，开始种植橘子和板栗。金玉堂农村出身，对种水稻还略知一二，对橘子和板栗的种植却是一窍不通，从品种选择、种植管理到病虫害防治等都是从头摸索，第一年种植的橘子就被冷空气冻死，损失惨重。连续几年投资都没有收益，然而，这些挫折并没有消磨掉金玉堂从事农业的信心和希望，他一直觉得种子很神奇，一粒种子在土地的滋养下，在阳光的沐浴下能长成一棵大树并能结出果实，他想和种子一样倔强和坚强，他也一直感恩土地和阳光，所以他不能放弃。2000年，金玉堂在浙江省亚热带作物研究所（以下简称亚作所）专家的推荐指导下，引进早熟的“翠冠”“翠绿”等雪梨品种。2010年将农场规模扩大到580亩，先后投资700多万元，建成了如今的综合性农业园区。金玉堂先后获得全国和省级“农村青年星火科技带头人”、市劳动模范、市“十佳青年”提名奖和“十佳农业乡土人才”提名奖等荣誉称号。

（二）创业内容

目前农场有农业设施用房、通车水泥路、停车场、休闲娱乐区、景观亭、果园游步道等旅游配套设施，引进了红心柚、杨梅、樱桃、白沙枇杷、油桃、水密柑等水果品种，确保一年四季有果摘。为方便客人采摘，金玉堂还将梨树、柚子树等进行了矮化处理，连小朋友都能伸手摘到。

这几年，金玉堂的销售能力不断提升，品牌建设的意识也越来越强，每年有70％的鲜果被客人自助采摘，有10％通过网购电商销售，剩余的基本是企事业单位团购销售，几乎没有供应水果交易市场。他还申请注册了“天顶香”品牌商标，推出了赏花旅游线路，并连续多年在十源高山雪梨重点种植地举办梨花节，牵头成立了雪梨专业协会，指导雪梨专业化种植，并注册“刘基贡梨”商标，该商标已通过国家绿色认定。

（三）创业启示

金玉堂创业的历程也是他不断学习的历程，新技术、新品种对推动家庭农场发展有着重要意义，扩大规模、创建品牌也是家庭农场转型升级的关键。成功的创业者首先要具备扎实深厚的专业知识和全面广博的综合知识，应当是具备相当专业水准的通才。雪梨引种成功，浙江省亚作所的专家从具体规划、新品种优择、土地平整到肥水管理、病虫害防治、整枝修剪、新品种嫁接等一系列果树栽培管理技术，对金玉堂进行手把手的传授，并一直进行跟踪管理和现场指导。金玉堂也积极参加温州科技职业学院、温州农民学院等组织的各类培训，学习果树的种植技术，学习营销管理知识，自己的种植管理水平不断提升。虽然金玉堂是“60”后，但是他善于引进新技术、新品种，还积极参加各类专业技术、经营管理等的培训，使自己掌握核心技术，并能运用技术进行农场的整体规划和升级。

其次，要想家庭农场进一步发展，不能安于现状，还要敢于冒险，瞅准商机、扩大规模。经营管理能力是创业者能力中的一种较高的能力，在当今时代，品牌的打造在经营中发挥着重要的作用，打造品牌是提升家庭农场的经营水平、经济效益和知名度的有效途径。

四、特色产业型家庭农场创业案例

特色产业型家庭农场是指主打一种具有地理环境优势、市场优势或产品具有独特优势的产业并具有一定规模、形成一定品牌影响力的家庭农场。此类家庭农场主一般文化素质较高，具有独特的市场敏感性、较强的创新能力和敢为人先的冒险精神，能够在别人之前发现并挖掘出产业的特色，并马上付诸行动，将产业做大做强。

(一)创业历程

1. 温州首个鲜切花基地的创建

2008 年,在温州从事花店经营的叶凤左,敏锐地发现鲜切花行业非常有前景,温州的花店越来越多,是全省四个花卉生产销售集散中心之一,但是温州地区还没有一个像样的鲜切花基地,鲜切花都是从云南、广州、上海等地进货,运输成本高。于是他回到老家温州市文成县黄坦镇和他的哥哥成立了左右花卉家庭农场,建起温州首个大规模鲜切花基地。2008—2012 年间,农场发展迅速,2009 年他还成立了温州逢左花卉园艺有限公司,公司采用“基地+农户”的模式,有种植基地 500 多亩,还有加盟农户 15 家,共计面积达到 1 500 多亩,种植地也从原来的黄坦镇发展到文成的巨屿镇。

但是,叶凤左的创业路也是一波三折,八项规定实施以后,公务用花显著减少,花卉行业迎来寒冬。他发现全省的高档鲜切花需求受公务用花的影响最大,利润在不断下降,但是大众类的菊花还比较稳定,是“白事”的刚需,于是他决定大力发展非洲菊,与别的作物相比,非洲菊最大的特色就是没有季节性,在大棚里生长可以连续多年不停地开花,几乎每天都能采摘,而且温州的气候也很适合非洲菊生长。所以“逢左花卉”在花卉产业的低迷期反而倔强地发展起来。2013 年,叶凤左瞄准市场需求,不再单一卖花,还要卖风景,与温州多家旅行社达成协议,发展其以“采摘花卉+农家乐”的旅游观光产业,来增加附加值。但是 2018 年全国的大棚房问题专项整治行动,又一次重重地打击了叶凤左,基地建有的农家乐基地全部被拆除,旅游观光采摘业务全部停止。即便这样,也没有让创业信念坚定的他放弃,他还是将希望寄托于非洲菊,重新将重点转移到非洲菊的种植和销售上。这次又是非洲菊让“逢左花卉”在打击中站稳了脚跟,自此,叶凤左不断完善生产经营模式,狠抓技术引进、创新管理模式、注重品牌营销,全力将非洲菊的生产和销售打造成为文成县的龙头产业。2020 年春,温州市委书记陈伟俊还亲自到“逢左花卉”视察,并给予了高度肯定。

2. 立足地域特色发展石斛产业

吴呈勇是温州雁圣源铁皮石斛家庭农场的创始人。在 2008 年的时候,吴呈勇为使珍稀濒危的人间仙草得到有效的保护,让更多人能享用到纯正的铁皮石斛,深受祖辈采集仙草影响的他经过详细的实地考察,认真分析乐清铁皮石斛种植的现状和发展前景,决定改变铁皮石斛的种植方式。他毅然承包10亩山林开始种植石斛。吴呈勇的此番创新,极大地提升了铁皮石斛的品质,如浸出物指标药典规定为6.5%,而其公司林下种植的铁皮石斛的浸出物指标达到14%以上,多糖含量药典规定为25%,而其公司林下种植的铁皮石斛多糖含量达53.6%。吴呈勇的铁皮石斛林下种植给当地地方经济带来了积极影响,给从事铁皮石斛的行业带来新的希望,使得整个乐清铁皮石斛产业链的产值增长到18亿元。

但是,创业一路走来并不是一帆风顺的。早在2009年冬,吴呈勇为了提高铁皮石斛产量,将云南的广南种引入雁荡灵岩进行林下种植,结果25亩山林上的铁皮石斛全部被冻坏,经济损失高达160多万元。痛定思痛之后,他与浙江农林大学等高校进行合作,以雁荡本地种为母体,精心培育出"晶品一号",创新了仿生栽培技术,最终大获成功,为自己的石斛种植加了道技术保障。在"绿水青山就是金山银山"的激励下,吴呈勇作为乐清市农产品经纪人协会会长、浙江省中药材产业协会理事、浙江省农产品经纪人协会理事,努力为传统农业插上翅膀,帮助会员开拓国内外市场,为农户的发展寻找新的出路,切实解决农产品的出路难题,努力提高农户增产增收。

几年来,吴呈勇精心组织会员参加各类农产品展销会多达60余次,遍及中国台湾、日本、中国香港、东南亚等地区,有力地扩大了农产品的销售渠道,积极开展产销对接和农产品进超市、药店、社区、批发市场、单位食堂等,积极帮助会员推销农产品,打造"中华仙草·雁荡石斛"区域共同品牌。此外,吴呈勇积极打造全产业链。他以铁皮石斛种植为基础,重视铁皮石斛衍生产品开发,促进地方工业发展;还与众多旅行社合作,开发"养生之旅",让广大雁荡游客充分了解铁皮石斛的同时,也饱览雁荡山水之美,带动了温州市旅游业的发展。

(二)创业启示

叶凤左和吴呈勇的创业实践说明,从事农业创业要结合地域特色识别创业机会、选择创业项目。商机预示着创业的方向,但商机未必都能够变成财富,任何商机的把握都需要一定的条件,往往能察觉商机的人不一定具备实现商机的条件。对发现的商机要结合创业者的情况进行具体分析后再作出创业决策。一个行业一般都有形成期、成长期、成熟期和衰退期，处在形成和成长时期的行业称为朝阳行业。创业者要根据自身的兴趣、擅长的专业、熟悉的行业选择特色的产业。农业创业者的心理素质也要过硬，要不怕失败。农业受政府政策影响较大，除此以外，自然灾害、资金链断裂等也会影响到创业的成败，因此创业者要树立全新的心理健康理念，主动采取有效方法进行心理调适。此外，农业创业者要具有一定的社会责任感，像吴呈勇一样，将有效地保护、繁衍珍稀濒危的铁皮石斛，推动整个乐清市的铁皮石斛产业链的形成和快速发展作为创业的动力和目标，所以创业过程中就会得到更多的社会和政策的支持。

吴呈勇非常重视"产学研"相结合，在主要传统产品的基础上，主动与浙江农林大学等高校建立了合作交流机制，并与知名生产企业合作，不断推出铁皮石斛深加工产品，如铁皮石斛手工皂、铁皮石斛面膜、铁皮石斛牙膏等系列产品，开拓了铁皮石斛销售新天地，极大地提升了产品附加值。在参加完温州农民学院首届新型经营主体带头人培训班、首届农业发展领军人物研修班等培训班后，吴呈勇对品牌化经营、品质就是市场的理念越来越重视。他利用雁荡山景区得天独厚的自然条件，在当地政府的大力扶持下，相继通过了国家级"有机铁皮石斛生产技术"培训、国家有机食品认证。公司先后注册了"雁峰斛""雁圣源""灵岩石斛"等商标。公司凭借产品获得乐清市科技创新奖、温州科技创新奖，产品获得武汉农博会、义乌国际森林博览会、浙江省农业博览会金奖，拥有专利证书 2 项。

五、生态循环型家庭农场创业案例

生态循环型家庭农场是家庭农场主具有较高的文化素质和生态意识，能够运用现代科学技术成果和现代管理手段，在传统的家庭农场的基础上，通过人工设计生态工程、协调发展与环境之间、资源利用与保护之间的矛盾，建立的生态上与经济上良性循环，经济、生态、社会三大效益的统一的家庭农场。

（一）创业历程

叶晓武是瑞安市绿果园家庭农场的创始人。在 17 岁那年他创办了自己的鞋厂，并且通过几年的努力，成为小有名气的鞋业老板。虽然在别人眼里他已经小有成就了，但他自己并不快乐。无论在外读书还是工作，出生于莘塍农村的他一直都很想念曾经的美丽乡村，想念儿时家乡田野里的大片稻浪。但近年来，家乡工厂林立、雾霾弥漫、污染已经威胁到粮食安全的现状让他担忧。他意识到发展生态农业刻不容缓。2010 年他做出了让所有人大吃一惊的决定，转让企业，将办鞋厂赚到的第一桶金 200 多万元投入农业，筹办绿果园家庭农场，一定要重现家乡美丽的田园风光，让大家再吃到无污染的粮食和蔬菜瓜果。叶晓武一口气承包了莘塍 300 亩地，35 岁的小伙子一下子成了种植大户。农场里不仅有果树、各类时令果蔬，还有鸡、鸭、鱼等。农场里近年来建设起 1 000 立方的沼气池，安装太阳能灯 12 只、杀虫灯 20 只，配备真空冷冻设备等，绿色处理农业生产废弃物和生态灭虫，是个名副其实的生态农场。

（二）创业理念及经营模式

建设一个现代生态家庭农场一直是叶晓武奋斗的目标，绿果园生态家庭农场建设以生态农业为基础，运用生态学、生态经济学原理和系统工程方法，以科学技术作支撑，发展高产、高效、低耗、无污染无公害的瓜果蔬菜、水产及畜禽产品。该农场把农作物秸秆作为循环“起点”，围绕种植业、养殖业和农副产品加工业，大力发展循环农业。农场建有青贮氨化池 2 座、沼气池 1 000 立方米，利用“青贮”“氨化”“微贮”的方法，把秸秆变成饲料，饲喂畜禽，畜禽粪便进入沼气池，沼渣用于水塘养殖或还田，产出新的秸秆，形成了“秸秆—畜禽—粪便—沼气—秸秆”的循环链条。农场自筹建以来，坚持“以地养地”，向土地施用大量有机肥，利用生物修复让土地恢复地力。凭着这份对可持续发展的坚持，农场生产的草莓获得了“无公害农产品生产证书”，农场被评为瑞安市农业科教示范基地、温州市农民培训示范基地、浙江省示范性家庭农场，还成为温州科技职业学院的合作基地。

为了解决种植收益低的问题，叶晓武通过外出考察决定发展冬草莓产业和设施农业，同时引进各种蔬菜水果新品种及淡水鱼、家禽。他筹集资金 80 多万元，在街道农业公共服务中心的帮助下，于 2010 年 12 月在地里建起了一批塑料大棚，正式搞起了大棚草莓立体种植试验。在他的精心管理下，大棚内的草莓上市时间比同一时间采用常规大田种下的草莓提前 40 多天，采摘期一直延续至来年 5 月底。面对技术匮乏，他晚上在灯下苦读有关技术书籍，白天在草莓大棚里实践,把科学技术运用到生产中去。几年下来,叶晓武终于掌握了堆料、翻料、销售草莓的一系列技术,积累了一些经验。

(三)创业启示

1. 科学技术的运用是生态循环型家庭农场发展和提升的动力所在

叶晓武在实施蔬菜水果产业又好又快发展战略中,十分重视科技的推动作用,先后与省农科院等科研院校进行草莓技术合作,建立了稳定的草莓良种引进和相关技术改良渠道,邀请草莓种植专家对农户进行技术培训,进一步加强技术指导。推进土壤生物有机改良,渐少土壤性病害,形成草莓绿色栽培基地,提高草莓品质。综合利用空间种植草莓,提高土地利用率。发展草莓休闲观光业,配套建设简易自然的栖息场所,集品评、摄影、竞赛与农季庆典活动为一体,让游客尽情欣赏草莓果园自然风光。现阶段叶晓武种植的 50 亩大棚草莓已实现年 140 万元产值,并以过硬的产品品质,成功地跨入草莓观光旅游和草莓有机立体栽培行业的前例,农场实现生态、经济和社会三大效益的大幅度提升。

2. 产品的品质和口碑是农场可持续发展的主要支撑

为保证产品安全营养,农场严格控制化肥、农药、除草剂的使用,而采用生物农药、物理诱虫以及人工除草。宁可增加投入、牺牲产量,也要保证产品质量。为了让游客品尝到口感最佳的产品,将产品在运输时间、空间上的损耗降低到最低,农场号召游客亲自来农场购买最新鲜、成熟度最适宜的农产品。虽然叶晓武家的草莓种植在莘塍来说算不上历史最长、规模最大,但凭着这样对品质的追求,他的草莓一炮而红,一箱 2.5 公斤的礼品草莓能卖到百元上下,春节甚至能到 150 元,“两只鸭蛋换不过一颗草莓”的传闻曾红火一时。品质所带来畅销的背后是农场尽心把“生态、安全、精品、高效”贯穿于整个生产体系中。农场引入国外的原生生态理念和低碳理念,以有机型栽培为模式, 科学的生物肥料运筹, 使基地的生态环境彻底的改变。农业部门连续几年的抽样检测结果也证明, 该农场农产品的农药残留、重金属、亚硝酸盐等均为零检测,不仅有效地保障了农产品的食用安全,还使有机草莓香味浓厚、酸甜可口,外观圆整饱满有光泽,颜色鲜亮、多汁爽口,深受各消费者喜爱,得到了草莓爱好者及各专家评委认可。

3. 学习与培训为家庭农场主注入动力

叶晓武说，他很幸运能够来到温州科技职业学院、温州农民学院学习，为他在生态循环农业的道路上提供了强大的理论和技术后盾。在蔬菜种植专家徐坚、畜禽养殖专家金俊杰等老师的指导规划下，农场开始发展以秸秆为起点的循环农业。在食品加工专业老师的启发下，叶晓武还创办了瓜果真空冷冻干加工场，使人们在冬天也能吃到风味、营养俱佳的水果。叶晓武还跟着老师外出学习，前往阿里巴巴总部考察，参加山东寿光蔬菜博览会等，重点学习农产品电子商务、新型农业服务基地建设、大型农场生产经营与管理等先进理念与经验。通过理论学习与实践提升，叶晓武现代农业发展的理念逐步形成，农业生产管理与经营水平显著提高，对发展现代农场的信心大大增强。除此之外，温州农民学院负责人陈家斋非常关心农场的发展，几次组织专家、学员赴农场把脉问诊、出谋划策。

六、生产加工型家庭农场创业案例

生产加工型家庭农场有别于现代农业企业，主要是以家庭作坊为主，是集生产、初加工、销售于一体的家庭农场。

(一)创业历程

1. 种植、生产与初加工一体的家庭农场

在温州科技职业学院、温州农民学院说起毛轩轩家的红糖果仁馒头、五彩果蔬馒头，真的是无人不晓，微信上有了预订信息马上就被抢购一空，学校师生说虽然馒头贵点但是看起来诱人、吃起来更香，关键是学院的学员做的，又是老师推荐的，安全放心。毛轩轩是温州农民学院学历教育班学员、首届家庭农场主培训班的学员，学校老师自发无偿为她的农场建立微信群，帮助销售宣传轩轩家的馒头。

毛轩轩是河南省驻马店人，在云南昆明做过验光师，在温州客运中心做过售票员，在奥康专卖店做过店长。十年的“折腾”，她最终还是选择从事农业，可能作为农村人，对土地一直怀有特别的感情。2013 年，毛轩轩在瑞安市天井垟粮食功能区——马屿镇三株松村结合当地地理优势成立了瑞安市旭鑫家庭农场，生产基地占地500亩，农场主要从事稻谷种植、初加工、销售，以及对外机耕、育秧、机插、植保、机收、烘干、大米加工一条龙服务。农场先后被评为瑞安市级示范农场、温州市级示范农场、浙江省级示范家庭农场、温州市农民培训实训示范基地。毛轩轩个人也荣获温州市"互联网＋"巾帼创业大赛优胜奖，获得温州农民学院优秀创业学员等荣誉。在学校老师的启发指导下，她发挥自己北方人的优势，将农场转型升级、扩大业务范围，进行手工馒头制作，没想到北方姑娘做馒头的手艺在南方非常受欢迎。目前，天然无添加的手工馒头已成为旭鑫家庭农场的主要产品。

2. 初加工为主的家庭农场

孙建凤是温州市金色田野家庭农场的农场主，最早在乐清柳市最大的菜市场附近开起榨油坊。榨油坊采取可视化、开放式的装修风格，这样消费者能亲眼看到食用油从无到有的过程，在现场就能闻到滴滴香浓、原汁原味的初榨健康油。为了满足不同消费者的口味，她的榨油坊提供油茶籽、菜籽、花生、芝麻、葵花籽、瓜子仁、大豆等多种品种的鲜榨食用油，纯物理压榨，无任何化学成分的添加。她想，这样就会有更多的人吃到健康的食用油了。虽然孙建凤产品的质量非常好，她也有一份想要为家人朋友提供健康油的美好情怀，但由于当时在选址上没有做充分的考虑，所以榨油坊门前并没有很多的人流，生意并不是很好。意识到原因之后，孙建凤联系了乐清市农业局，希望能够在农业局的平台上发布门店信息，让更多的消费者知道自己的这家店。

信息发出之后，果真有很多人给孙建凤打电话，不过他们询问的不是油，而是油榨完之后的下脚料。一开始孙建凤挺诧异的，后来明白原来这些下脚料含有大量的营养物质，是很好的有机肥料。孙建凤敏锐地觉察到这是一个商机。可她的榨油坊只是一个小型加工厂，并不能为咨询者提供足够数量的下脚料。凭借日常做生意积攒的人脉，孙建凤又联系了七八十家油厂，带领他们共同发展。这七八十家的油厂中，很多都是老农民自己办的厂，他们只知道榨油、卖油，但并不知道油渣还可以出售。所以孙建凤与他们达成协议，收购他们的油渣并进行统一销售。在和客户不断地沟通交流的过程中，孙建凤又发现，客户不仅仅需要榨油的肥料，还需要一些有机肥，比如蚕粪等。农作物在使用这些精品有机肥的原料后，产量明显提高，口感和甜度远甚于使用化肥后的其他农产品，农民们的经济效益相对增长了不少。这下她更有底气了，考虑到客户的需求，她也开始收购其他有机肥。

2017 年，孙建凤把最初经营的“乐清市金色田野榨油坊”改名为“乐清市金色田野农副产品经营部”，主攻系列为农家初榨食用油、饼粕系列、蚕沙有机肥、微生物菌肥、木薯渣原料等。本着“价格合理，质量为上，诚信为本”的经营宗旨，孙建凤赢得了数百家种、养殖客户的信任和支持，而且每天都会接到新的客户打电话前来咨询。孙建凤说，好产品靠品质与口碑说话，她无需再花时间做宣传，很多老客户都会自发为她介绍新客户。在与这些客户沟通和了解中，孙建凤也越来越有信心将有机肥变废为宝，投身于节能环保这个朝阳产业。2018 年，原先的经营部改为温州市金色田野有限公司，孙建凤希望通过更大的平台为绿色有机无公害的农产品市场发展尽自己的绵薄之力。经 2018 年 10 月初，孙建凤找好了稳定长期的下线合作单位，再次进军浙南油茶地区基地，和各基地负责人签订了协议，统一收购油茶籽鲜果（干籽），让农户种了油茶后没有了因为找不到销路的后顾之忧。

（二）创业理念及经营模式

毛轩轩是北方姑娘，纯朴豪爽爱较真，自农场成立的第一天起，就坚持“专心、匠心、恒心”，做有“爱心”的农业，严格按农产品生产技术标准进行生产，并建立了农场品质量可追溯制度，做好农产品生产记录，严格把关农产品质量安全。她说，看着消费者放心地购买她家的大米、看着孩子们特别喜欢她家的面食，她的心里也美滋滋的。2014 年农场总收入 66.5 万元，2015 年营业额增至 500 万元左右，2016 年营业额达 700 多万元。毛轩轩不仅做有“爱心”的农业，还是一个非常有“爱心”人。事业做大了，她也不忘做慈善事业，每年都参加瑞安市的慈善济困公益活动。2016 年，家庭农场参展农博会，毛轩轩家的馒头出尽了风头，时任温州市委书记徐立毅到温州农民学院展区与学员进行了亲切交流，并鼓励毛轩轩坚持做好农业。温州电视台亲子农庄栏目还对毛轩轩进行了专访。

（三）创业启示

在农业结构调整中，做到产前—产中—产后相结合，产—供—销一条龙，种—养—加一体化，充分增加产业环节，延长产业链条，则可使每一个环节获得良好效益。毛轩轩和孙建凤都通过延长产业链，增加了产品的附加值。

创业型农民的培育除了进行校园内的教学外，训后的跟踪服务也尤为重要。毛轩轩常说，她参加工作太早了，一直有一个遗憾，就是没有读大学，是温州农民学院圆了她的大学梦。2014 年，她进入温州农民学院学历教育班学习，成为农民大学生。学校的老师持续地为她提供技术支持，还为她免费制作宣传片、宣传画册，帮助她搭建销售宣传平台，大大提升了家庭农场的知名度。

为了将生意做得更稳健，孙建凤主动参加各种学习班，提高自己。2015 年她通过成人高考，进入温州科技学院、温州农民学院学习电子商务专业课程，并于 2018 年顺利完成学业。对她来讲，这不仅圆了她大学梦，还让她明白如何在互联网时代提升公司的竞争力。在利用周末获取大专学位的同时，孙建凤在 2017 年 4 月参加了由温州农民学院院长陈家斋带队组织的创新农业和特色民宿培训，6 月参加了由中组部和农业部主办的农村实用人才带头人和大学生村官示范班的学习。2018 年 5 月，孙建凤被市团委推荐为省新农人创新人才，进行为期两年的学习。8 月，她又参加了浙江省农艺师在职研修生的学习。通过不断地学习和外出考察，孙建凤开阔了视野，提升了能力，懂得如何在如今这样一个快速发展、激烈竞争的社会中通过农业闯出自己的一片天。孙建凤说，她很喜欢现在的生活，不仅是因为有一份值得自己终身投入、为环保节能尽力的事业，还有可以因为这份事业在路上不断认识、不断学习充实的那个自己。

第五章

创业型民宿从业者培育

人们对美好生活的向往和物质生活水平的不断提高，使越来越多的人开始追求精神上的满足感，这促进了大众旅游时代的来临。“回归自然、追求本真”的向往，“记住乡情、回忆乡愁”的渴望，促使民宿产业蓬勃发展并成为消费热点，一大批返乡创业的“民宿主人”“民宿管家”等名宿从业者应运而生。发展乡村旅游产业是实现乡村振兴的有效途径，这就需要培育更多的创业型民宿从业者，立足区域优势，大力发展民宿产业。

第一节　民宿与民宿从业者

一、民宿概念及特征

民宿的概念起源于第二次世界大战后，最早由英国人提出，当时被称为“Bed and Breakfast”，即提供住宿和早餐的意思。在日本，民宿被称为“民宿＋度假酒店”项目。民宿不仅提供居住的体验，更是提供了一种生活状态和度假方式。因地理环境、住宿形态、生活方式的不同，全球的民宿并没有统一的定义和形式，有结合农业生产类的民宿如欧洲的农庄民宿、加拿大的假日农庄、日本的农家民宿；有提供精致化旅游住宿的中国旅游民宿、德国民宿；也有提供简易住宿的美国家庭寄宿(Homestay)、英国家庭民宿等,中国台湾的民宿发展比较早。[①]

总结世界各地民宿的形式,可将民宿的定义概括为:狭义的民宿仅指利用家庭现有的空余房屋、闲置房屋、自用住宅空间,由家庭成员以副业方式参与经营的为旅客提供生活的住宿处所。随着民宿升级和发展,广义的民宿则指承包、租赁、连锁或新开发建设等方式提升住宿条件和环境,并结合当地环境资源、生态资源、自然景观、人文环境及农村牧渔活动,接纳少量游客提供私人服务的住宿场所和服务,广义民宿更加注重与人的沟通和对当地文化习俗的融入。

民宿有三个比较明显的特征:

(1)房屋的产权归属关系决定了民宿规模较小的特点,房间数量不大于 15 间,为来当地旅游的游客提供餐饮住宿及其他配套服务,多位于距离城市较近的郊区,也因此具有更大的灵活性和经济范围。另外民宿的兴建或改建成本相对于酒店低很多,却有着相对稳定的收益率,所以近年来,民宿被市场和投资者普遍看好,民宿成为投资热捧的产业,吸引了一大批自营从业者或投资者进入市场。

(2)民宿经营者面向住客的服务,为深入了解当地文化提供了有效的途径,民宿已发展成为利用当地的自然风貌、生态农业、文化习俗吸引游客前来游玩体验,并为旅游者提供食宿的一种新型旅游形态。

(3)消费体验的升级,强调旅途中“家”的亲切感觉和追求当地生活文化体验。民宿主人都是有“故事”的,主人的待客之道和当地的风土人情是民宿的核心竞争力。民宿被称为有温度的住宿、有灵魂的生活。[②]

我国对于民宿也有不同的名称和分类,如“农家旅社”“民居客栈”“家庭旅馆”等,在很多地方具有住宿功能的“农家乐”也称为民宿。作为一种旧乡愁与新乡土相结合的产物,近年来各地建成了一批旅游休闲型、自然生态型、传统村落型、产业发展型等风格迥异的特色民宿,形成了滇西北民宿客栈群、川藏客栈带、湘桂黔客栈带、客家文化圈民宿客栈群、珠三角民宿客栈群、长三角民宿客栈群。到 2020 年,我国民宿行业营业收入将达到 362.8 亿元人民币。

---

① 魏珍.城市民宿创业计划分析:兼论民宿业的定位与前景[D].南京大学,2017.

② 张隆斌.乡村民宿产业经营绩效实证研究[D].福建农林大学,2019.

二、乡村振兴战略下温州民宿的发展现状

近年来，浙江省温州市践行习近平总书记提出的"绿水青山就是金山银山"的发展理念，将创新乡村民宿发展作为促进生态文明建设、推动乡村振兴的重要抓手。目前，温州市民宿呈现百花齐放、竞相争艳的发展态势，无论是数量规模还是效益质量都得到不错的发展，形成了以民宿经济为抓手、全面推进旅游业优质发展的新格局。民宿的公共活动空间、乡土气息和小众服务，提供了原有饭店、宾馆所没有的体验，适应了现代人个性化的需求，发展十分迅猛。据统计，目前全市共有民宿 1 330 家，房间数达 10 950 间，民宿聚集村 45 个。2019 年温州市新实施民宿项目 41 个，年度投资额达 4.32 亿元，其中投资额超过千万元的民宿项目有 22 个。乡村民宿的发展有效激活了农村闲置农房、带动了农特产品销售、促进了农民就业增收，已成为温州市乡村产业兴旺和农民在地创业就业增收致富的新增长极。

2020 年的疫情对各行各业发展都带来了巨大影响和冲击，很多民宿酒店纷纷关门歇业，民宿产业遭遇了前所未有的"寒冬"。"寒冬"之后，民宿产业如何绝境逢生、逆势生长，是摆在我们面前的一大课题。在 2020 年 3 月份的温州市委农村工作会议上，市委提出要发展全域旅游，特别提到要进一步打造民宿特色品牌，创建一批民宿集聚村和市级示范性精品民宿，加快民宿人气旺起来。

温州市农业农村局党组书记、局长张亨利在全市的民宿产业发展培训班上做了题为《乡村振兴背景下温州民宿发展》主题讲座。他指出，近年来温州不断巩固"美丽乡村"建设成果，将民宿经济发展列为乡村振兴的新引擎、农民增收的新亮点。如今，民宿已经成为温州乡村振兴中一张闪亮的"金名片"。张亨利认为：

温州市将民宿作为催化乡村旅游消费的重要途径。"旅游业是综合性产业，是拉动经济发展的重要动力"。乡村旅游经过近 30 年的发展，目前正处于转型期，传统的"农家乐"产品已经远远不能满足旅游者需要，休闲养生农业、体验农家生活、民宿等乡村旅游产品应运而生，极大地拓展了乡村旅游业态。当前在疫情防控的特殊背景下，发展乡村民宿是促进文化和旅游消费的重要途径。据了解，乡村旅游是我国旅游消费的重点领域，乡村民宿是乡村旅游的新热点。2019 年我国乡村旅游达 25 亿人次，同比增长 16%；旅游消费超过 1.4 万亿元，同比

增长27%；民宿消费规模达200亿元。这个数据每年都在快速增长，乡村旅游年均增长16%，远高于同期国内旅游消费年均8%增速。在2020年3月份，我们推出了民宿“送四千礼，迎四方客”活动，助推整个民宿行业的复苏。疫情过后，我们做了一个调查。调查显示，温州市民宿5月份平均入住率为28.3%，已恢复至上年同期九成水平。调查的87家民宿样本中，4～5月份实现营业收入655.45万元，同比增长17.7%，呈现较快速攀升。这说明，民宿消费对促进乡村旅游消费作用非常明显。

温州市将民宿作为乡村休闲产业链条的重要一环。民宿发展不是孤立的，必须与其他相关产业充分融合。利用“旅游+”“住宿+”等模式，推进民宿与旅游、文化、康养、农业等产业深度融合。如民宿与农业融合发展，推进了乡村旅游和休闲农业；民宿与教育、文化融合，推进了青少年研学旅行；民宿与健康、养老等产业融合，推进了养老养生等产业发展。可以讲，乡村民宿与休闲农业、农家乐休闲旅游业、婚庆文化、养生保健、科普教育等产业已进行融合发展，已是乡村休闲产业链条中的重要一环。据调查，全市68%的乡村民宿与休闲农业、森林康养、农家餐饮等业态融合发展。如文成武阳以民宿为核心，发展“民宿+”产业，挖掘本土文化，带动周边农业休闲、乡村旅游、农家餐饮乡村新业态发展，实现了农旅融合、乡村度假与百姓致富融合、商业投资与社会效益融合，形成了以乡村民宿为载体的“民宿+”乡村休闲产业链。

温州市将民宿作为促进农民就业增收的重要带动业态。据调查，全市1 330家民宿经营户，共吸纳农村劳动力1.2万人，吸纳本地劳动力9 980人，占从业人员的83%；按人均年工资4万元计算，每年工资总收入达到4.8亿元。在租金收入方面，全市已盘活的闲置农房，每间平均租金1.5万元，每年为农民增加1 478万元收入。如文成县让川村，就是一个发展民宿带动农民增收的典型。让川村依托自身资源与区位优势，以“一元钱”引来工商资本垂青，发展民宿产业，并在几年内得以迅速扩张，走出一条适宜本村实际的村集体发展创新路子。2019年实现村集体经济总收入80万元，其中，经营性收入达15万元，短短几年顺利完成村集体经济从零到近百万元的突出业绩。又如苍南莒溪镇溪东村，一栋16间约1 500平方米的闲置三合院被改建成为以畲族风情为卖点的民宿。这个项目由市、县财政投入折股量化扶贫资金150万元，莒溪镇政府投入40万元，其余资金择优吸引县旅游投资集团投资，同时村民业主自筹 42 万元。项目经营方与溪东村签订了 20 年的长期合作协议，溪东村从经营方取得固定回报 460 万元(年均 23 万元)。该项目不仅直接带动村集体和低收入农户投资性受益，而且项目运营后，还可以优先安排低收入农户和本村其他劳动力就近就业，增加工资性收入的同时，有效盘活了农村闲置民房，培育旅游等新业态。

温州市将民宿作为激活农村闲置农房的重要形式。随着城乡一体化建设加快推进，大量农民进城，又出现了大量的农村住房闲置现象。目前，乡村民宿的发展已成为激活闲置农房等资源的重要形式。近年来，全市共改造农房、旧校舍、废弃牧场、废弃地等各类闲置资源 2.67 万平方米，其中闲置农房 985 间、旧校舍 30 幢。全市目前已有泰顺徐岙底、永嘉岩上村、文成让川村、洞头花岗渔村等 45 个村庄进行整村开发利用。这些农村闲置农房租赁经营权大多在 15～20 年，租赁期内由民宿业主自行建设，自主经营，付给农民一定数额的租金；租赁期满后，民宿的不动产无偿交给农民。同时，通过引入工商资本保护性地开发改造古村落、古建筑，对农村老旧房屋进行整体设计、加固、装修，对于保护古建筑、传承乡村文化、激发农村发展新动能有着多重意义。据调查，每幢乡村民宿开发投入至少在 100 万元以上，有的甚至超过 200 万元，极大地保护了农村古老建筑。目前，温州市共有 580 间古老农房得到保护性开发，其中有 245 间即将倒塌的古老农房得到修复利用。

温州市将民宿作为促进农特产品销售的重要窗口。农村民宿业发展，不仅为乡村旅游带来人流量，直接增加了农产品的消耗量，也非常有效地促进了当地农产品销售。部分民宿除经营住宿和餐饮等传统业务外，还通过“农产品进民宿”的方式推动多元化发展，提升了经营效益，促进了当地农户增收。2020 年上半年，温州市农业农村局做了个调查。调查样本中有 33.3%的民宿表示曾通过电子商务或在店内设置柜台等方式销售当地农特色产品，货源均为自产自销或是向当地农户进货。例如“洞头米宿”全年海产品销售额超 14 万元，占其总营收的 20%；又如“墟里民宿”的蜂蜜汽水和红糟啤酒的全年销售达 120 万元，毛利润超 60 万元。另外，在最近调查的 58 家提供餐饮服务的样本中，绝大部分曾向当地农户采购食材，例如山区民宿热衷购买“散养鸡”“本地猪”和各类土菜，而靠海民宿更倾向于各色海鲜。据 58 家民宿简单估算，全年食材采购超 1 000 万元，能带动当地农户增收近800万元。

温州市将民宿作为引导人才资本下乡的重要载体。乡村民宿深受工商资本和青年人才创业的青睐，能有效吸引工商资本和青年人才下乡，可以促进资本、技术、人才、信息等要素向农村流动，吸引外出务工青年返乡就业，城市年轻人下乡创业，企业家回乡兴业，为农村发展注入新鲜血液。2019年温州市新实施民宿项目41个，年度投资额达4.32亿元，其中投资额超过1 000万元的民宿项目有22个。这在农村服务业领域是一笔不小的民资投入。同时，乡村民宿发展，也吸引了一大批青年人才回乡创业。据统计，全市共吸引了1 500多名外出工作的青年回乡发展民宿和相关产业，不仅为农村发展注入了资金，也为乡村发展带来了新理念。如文成“寒舍回塘”的主人黄靖，文成县百丈漈镇人，长期定居意大利。2018年，回乡投资800万元创办了这家民宿。现在生意很火，不仅为乡村发展带来了资金，也带来了人流量。

三、民宿从业者的素质要求

当前民宿从业者大部分不是专业从事民宿的，高校也没有特别设立民宿专业，所以民宿从业者整体业务水平、设计水平、营销能力、品牌建设能力和服务意识已经越来越不能满足民宿产业的发展要求，导致民宿服务水平不高，同质化严重，缺少特色，缺少“温度”“品味”，缺少民宿本有的内涵和意义，民宿创业的成功率较低。

民宿产业化呼唤民宿从业者职业化，高素质民宿从业者的缺口较大，对从事民宿创业的农民进行系统的教育培训势在必行。民宿从业者的素质要求一般包括以下几点：

(1)经营管理能力。精通民宿经营管理的相关知识，具备一定的宣传营销和品牌打造的能力，能够通过策划、组织系列主题活动进行营销，善于运用微信公众号、直播等新媒体进行营销。

(2)民宿设计与美化能力。具有一定的生活美学的知识和素养，能自主进行民宿空间的软装布置。基本的茶道、茶席设计、插花等方面的知识和实践能力。

(3)较高的个人修养。个人形象较好，具备服务礼仪的基本要求；能够挖掘自身的故事，并能让顾客找到共同语言和感情共鸣的点，激发顾客的兴趣；能对顾客进行亲情化服务，能耐心地迎候客人，回复客人的咨询，能根据乡村景观和民宿景观的特点，提供拍摄景点指导。

(4)在地文化体验设计的能力。具备当地民风民俗、乡土文化的相关知识，能结合当地地域特色，根据客人需求设计和介绍旅游线路，能利用农耕、美食、手工技艺等本地文化，设计体验项目提供客人。

(5)安全管理能力。精通消防安全、食品安全等方面的知识，对安全事件能够及时作出回应并正确处理。

第二节 民宿从业者素质能力提升培训案例

一、培训理念及目标

以“学以致用，训以致创”为理念，针对民宿运营人员、民宿管家等民宿从业者的能力要求、学习需求和当前的能力短板，有针对性地量身定制素质提升的整体解决方案，理论与实践结合，教学与服务结合，着力提升民宿主人、管家等从业者的设计水平、营销能力、品牌建设能力和服务水平等，全过程、全方位提升民宿从业者的素质。

二、培训形式及内容

采用“1＋2＋3＋X”培训和服务模式，即1天素质拓展＋2天理论学习＋3天民宿现场学习和体验＋论坛交流、头脑风暴、学习总结、项目路演、训后服务等，根据培训天数和具体需求进行相关环节及模块的选择。

(一)素质拓展

序号	模　块	培训目标
一	团队熔炼：破冰分组、团队建设、团队展示	1. 增强学员的语言表达能力、沟通交流能力和团队协作意识 2. 引导学员发现自己的优点和缺点，并能在团队协作中发挥自己的优势 3. 激发学员的创新活力、生活热情

续表

序号	模　块	培训目标
二	拓展培训项目：2～3 个室内或室外团队项目	1. 增强学员的团队协作能力、组织协调能力 2. 增强学员的时间观念、组织纪律观念 3. 提升学员与人沟通交往的水平，引导学员多为他人着想，提升服务水平 4. 为学员提供放飞自我、释放压力的机会，使学员以更加积极乐观的心态面对工作和生活

(二)理论学习(按需选择课程)

序号	模块	课程安排	课时	主讲人
一	民宿设计与美化	民宿庭院与主客共享空间设计与美化	4	1. 园林、园艺学专业教师 2. 高级民宿管家 3. 专业礼仪培训师 4. 民宿发展研究相关专家
		民宿生活美学	4	
		民宿软装设计	4	
		民宿插花与茶席设计	4	
		个人形象提升	4	
二	宣传营销与品牌打造	互联网＋营销技术	4	1. 品牌民宿、精品酒店的资深培训师 2. 市场营销专业副教授、教授 3. 传媒行业资深培训师 4. 品牌策划、营销相关企业负责人 5. 民宿发展研究相关专家
		民宿营销渠道分析	4	
		主题活动策划与组织	4	
		消费心理学与沟通技巧	4	
		民宿经营管理及经验分享	4	
		民宿亲情化营销	4	
		媒体传播及摄影技巧	4	
		投诉处理技巧	4	
三	安全管理	民宿消防安全与消防演练	4	1. 消防中心宣讲人员 2. 食品检测相关专家
		民宿食品安全	4	

续表

序号	模块	课程安排	课时	主讲人
四	餐饮、休闲服务	营养搭配与餐饮美学	4	1. 专业营养师 2. 食品加工专业副教授、教授 3. 专业礼仪培训师
		乡村宴席菜肴盘艺	4	
		餐饮综合服务技能	4	
		茶艺、咖啡、鸡尾酒与民宿的融合	4	
		服务礼仪	4	
五	农旅融合	民宿伴手礼设计	4	休闲观光相关职能部门领导
		民宿与农村旅游融合	4	

（三）现场学习及体验

路线一（三天两夜）

日　期	时　间	地　点	民宿现场学习及体验
第一天	上午		温州前往杭州龙坞
	下午	杭州	龙坞民宿群：杭州画·乡院精品民宿、七月留白、玖别、无城·花树、茗墅茶庄园等
	晚上		入住民宿
			民宿主人讲座
第二天	上午	德清	莫干山居图，莫上隐，莫干云镜
	下午		十八迈，梅皋坞山居
	晚上		入住民宿
第三天	上午		篱湾山居体验
	下午		返程

路线二(两天一夜)

日　期	时　间	地　点	民宿现场学习
第一天	上午	丽水	温州前往丽水
	下午	松阳	云上平田、松泰大院、小茶姑娘等
	晚上		入住民宿
			民宿主论坛
第二天	上午	云和	长汀民宿村、浮云一盏、云和梯田等
	下午		返程

(四)附加环节

根据需求增加论坛交流、学习总结、项目路演、训后服务等环节，学员间共享成功经验、共谋发展思路、共同突破瓶颈难题。

三、具体解决方案

培训可分为入门班、提升班、精英班。

名称可根据需要拟定为：民宿主人集训营、民宿管家训练营、民宿管家素质提升班、农旅融合发展培训班等。

根据需求选择培训形式、模块和具体课程、路线。

(1)理论学习(1 日或 2 日 1 夜)

(2)素质拓展＋理论学习(3 日 2 夜)

(3)理论学习＋现场学习体验＋论坛研讨(4 日 3 夜)

(4)理论学习＋现场学习体验＋论坛研讨＋项目路演(5 日 4 夜)

(5)素质拓展＋理论学习＋现场学习体验＋论坛研讨(5 日 4 夜)

(6)素质拓展＋理论学习＋现场学习体验＋论坛研讨＋项目路演(7 日 6 夜)

四、考核评价及颁证

考评包括过程性评价、结果性考核相结合方式，综合评价学员学习成果，对合格者颁发培训结业证书。

(1)过程性评价。包括学习期间出勤情况、遵守纪律情况、课堂表现情况、外出现场学习表现情况、交流研讨表现情况、学习任务完成情况等。

(2)结果性考核。对理论教学结果采取笔试、口试或两者相结合的方式进行考核。

(3)证书颁发。以上考评均达到合格,可颁发培训证书。培训证书应反映培训班次、培训时间、培训内容(课程)、学时数等培训信息。

五、温州市民宿产业发展提升案例研究

为进一步提升民宿从业者的经营管理能力、品牌建设能力和服务水平,加快培育一支高素质民宿人才队伍,推动温州市民宿产业高质量发展,2020 年 6 月,温州市农业农村局、温州市文化广电旅游局、温州科技职业学院、温州农民学院联合举办温州市民宿产业发展提升研修班。来自全市的 110 多名民宿经营业主、民宿管家、民宿投资业主等参加培训。

(一)培训方式及内容

1. 培训方式

采用理论学习、现场实践教学与指导、民宿换房体验、温州市农民职业技能比赛(民宿管家服务项目)、专家对接跟踪服务、师徒制试点相结合的培养方式,上好“行政主管部门第一课”。培训时间共 5 天。

2. 培训内容及安排

时间			内容	主讲人
6 月 29 日	上午	9:30—9:50	开班仪式	
		10:00—11:30	新形势下民宿发展的机遇与挑战	张亨利
	下午	14:00—17:00	发展数字乡村,助力民宿营销	夏守慧
			民宿运营亮点打造与活动策划	
6 月 30 日	上午	8:30—11:30	民宿消防安全及应急处理	关一舟
	下午	14:30—17:30	摄影如何为民宿赋能	大佑
	晚上		如何利用新媒体给民宿引流	

续表

时间			内容	主讲人
7月1日	上午	8:00—9:30	温州—文成武阳	
		10:00—12:00	精品民宿换房体验	
	下午	14:00—17:00	亲情化服务及在地文化体验设计: 1. 设计和介绍旅游路线 2. 利用农耕、美食、手工技艺等设计体验项目 3. 制定民宿早餐菜单	胡雄兵
7月2日	上午	9:00—11:30	民宿生活美学现场教学: 1. 用花艺点缀民宿空间 2. 茶席布置及日常茶艺	胡茜茜
	下午	14:00—16:30	民宿客房整理及管理现场教学: 1. 接待规范 2. 房间整理及用餐管理 3. 民宿关系处理	李洁
7月3日	全天	8:00—17:00	农民职业技能大赛(民宿管家项目) (民宿管家服务专项职业能力考核)	

(二)评价及颁证

实施过程性评价、结果性考核相结合,综合评价学员学习成果。

(1)过程性评价。包括学习期间出勤情况、遵守纪律情况、课堂表现情况、外出现场学习表现情况、交流研讨表现情况、学习任务完成情况等。

(2)民宿管家服务专项职业能力考核。现场考核为客人提供亲情接待、当地文化体验设计、客房清洁整理、民宿空间布置等服务实操能力。

(3)证书颁发。过程性评价合格者由温州农民学院颁发培训结业证书。过程性评价和专业职业能力考核都合格者由温州市人力资源和社会保障局颁发"温州市民宿管家服务专项职业能力"证书。

(4)开展温州市2020年度"十大优秀民宿管家"筛选活动,纳入乡土人才"名师名家"典型案例。

(三)温州市农民职业技能比赛(民宿管家服务项目)

以赛促学,通过民宿管家服务能力的比赛促进民宿创业者的业务能力提升。

1. 竞赛标准

竞赛以浙江省人力资源和社会保障厅办公室印发的《民宿管家服务》专项能力考核规范要求作为命题依据，根据行业发展实际适当增加新知识、新技能等内容。

2. 计分规则

竞赛分为理论知识考试与技能操作两部分进行，理论考试和技能操作均为100分。总成绩采用百分制，理论考试占20%，操作技能占80%。理论知识竞赛时间30分钟，技能操作竞赛时间20分钟，在规定时间内按要求完成比赛内容。比赛名次以总成绩（分数保留两位小数）从高分到低分依次排名来确定。（若总分数相同，以操作技能成绩较高者名次为先；若操作技能成绩再相同，第一项技能操作成绩高者名次排前）参赛选手放弃任一环节将不参与比赛总分排名统计。

3. 理论知识竞赛内容

（1）试题类型：

选择题、判断题。

（2）考试方式：

采用闭卷笔答形式。

（3）竞赛内容：

基础知识：包括民宿发展形势、民宿活动策划、民宿新媒体营销、民宿消防安全及应急处理和相关法律法规知识等。

专业知识：浙江省人力资源和社会保障厅办公室印发的《民宿管家服务》专项能力考核规范相关的专业理论知识，同时根据行业发展实际适当增加新知识、新技能等内容。

4. 技能竞赛操作内容

共分为两个环节：对客亲情化服务及自家民宿推介、客房清洁整理及房间微景观布置，在规定时间、规定场地同台竞技。两个环节同时进行，每个环节各占50分。

环　节	名　称	时　间	流　程
1	对客亲情化服务及自家民宿推介	5 分钟	完成迎候客人的基本流程，包括问好、询问客人需求、解答客人咨询等。(1 分钟)
			介绍自家民宿特色、优势，结合特色进行在地文化体验设计，根据要求设计民宿早餐，为客人提供周边旅游线路及特色活动体验。(3 分钟) 可自行准备 PPT 展示(竞赛前经评委允许)
			评委提问，基础知识和服务应变问答。(1 分钟)
2	客房清洁整理及房间微景观布置	15 分钟	使用清洁工具、消毒剂等对客房进行清洁整理和消毒。(3 分钟)
			运用中式铺床方法进行铺床。(5 分钟)
			利用茶具、茶席、花卉、花瓶、欢迎卡、毛巾以及其他道具对房间进行布置。(5 分钟) 可自行携带特色道具布置房间(竞赛前经评委允许)
			根据茶叶种类进行茶叶冲泡。(2 分钟)
合　计		20 分钟	100 分

5. 竞赛内容、评分标准及要求

(1)评分标准制定原则：民宿管家服务竞赛评分标准浙江省人力资源和社会保障厅办公室印发的《民宿管家服务》专项能力考核规范。强调用科学的技法，展现参赛选手民宿管家服务的综合技能，能够全面考核参赛选手的为客人提供亲情接待、在地文化体验设计、客房清洁整理、民宿空间布置等服务能力。

(2)评分方法：操作技能考核的每个环节各由 3 名评委专家评判，得分取 3 名评委专家的平均分。

(3)评分细则：对客亲情化服务及自家民宿推介评分细则(满分 50 分)

序号	项　目	分 值	要求和评分标准
1	礼仪 仪表 仪容	5	着装正式； 形象自然、得体，优雅； 动作、手势、姿态端正大方
2	语言 表达	5	口齿清晰，表达流利，言辞得当，思路具有条理
3	对客亲情化服务	10	能完成迎候客人的基本流程，能解答客人的基本问题； 礼貌待人，对客人具有亲和力； 能根据客人要求制定早餐菜单

续表

序号	项　目	分 值	要求和评分标准
4	自家民宿推介	20	能向客人简明扼要的介绍民宿的基本情况，突出民宿的地理优势、文化特色和服务亮点，使客人对民宿产生兴趣和好感； 能根据乡村景观和民宿景观的特点，提供拍摄景点指导； 能结合民宿特色，利用农耕、美食、手工技艺等在地文化，设计体验项目提供客人
5	基础知识服务应变问答	10	熟悉民宿消防安全、治安管理、清洁消毒等基础知识； 能对突发事件进行有效反应和控制； 对客人服务要求进行有效处理
合　计		50	

客房清洁整理及房间微景观布置评分细则（满分 50 分）

序号	项　目	分 值	要求和评分标准
1	客房清洁整理	10	能正确使用清洁工具、清洁剂对客房进行清洁整理； 能正确使用消毒剂，对客房器具进行消毒
2	铺床	10	能在规定时间内运用中式铺床方法进行铺床，熟练开单、打单、包角、装被套，铺床规整
3	房间布置	20	具备茶席布置的相关知识，茶席背景与房间主题搭配，茶席整体配色美观、协调、合理，茶具布置具有美感，有实用性； 具备插花相关知识，能运用插花技艺进行空间布置； 能设计不同特色的欢迎卡，布置客房
4	茶叶冲泡	10	具备茶文化相关知识，能根据绿茶、红茶、普洱等茶叶的种类，进行茶叶冲泡； 动作自然、手法连贯，冲泡程序合理，过程完整、流畅，形神俱备
合　计		50	

6. 竞赛规则

(1)技能操作评测方式：

评分须采取盲评方式。3 名评委专家抽签选择评判长，全体评委专家完成打分后，必须将打分表交给评判长。

对客亲情化服务及自家民宿推介环节，由评判长提问，3 名评委专家同时打分。

客房清洁整理及房间微景观布置环节，每个选手进入竞赛房间前需要清理全部工具和标志，不得留下上一个选手的痕迹，清理完成后，选手进入场地竞赛，评委专家进入场地评分。

(2)选手竞赛要求：

竞赛前先组织抽签，确定参加竞技的选手比赛场次；参赛选手应严格遵守赛场规章、操作规程，保证人身及设备安全，接受裁判员的监督和警示，文明竞赛。比赛过程不透露个人信息。参赛选手必须在正式竞赛前30分钟到赛场报到，报到时应持本人身份证，并在规定的候场区等候，只有在竞赛正式开始后，方可进行操作。

参赛选手必须严格遵守赛场纪律，不得在赛场内大声喧哗，不得作弊或弄虚作假；若因选手原因造成设备故障或损坏，无法进行竞赛，裁判长有权终止选手竞赛；若因非选手个人因素造成设备故障的，由裁判组视具体情况做出裁决。

竞赛终止后，不得再进行任何与竞赛有关的操作；选手在竞赛过程中不得擅自离开赛场，如有特殊情况，需经裁判人员同意后作特殊处理；爱护竞赛现场的设备和器材。

比赛期间服从赛区指挥，遵守相关规定，按照统一工作部署，及时有效地完成相关任务。(开赛后，选手不得进入比赛场地)；

参赛选手应服从竞赛组委会的指挥和安排，比赛现场须佩戴相关证件，仪表端正，注重礼仪规范，保持赛场良好秩序，操作时保持场地、物品的洁净卫生。

(3)赛场条件要求：

具备满足技能考核需要的教室一间(不小于50平方米)，有桌椅、茶桌，以及茶席用品、插花用品等配套用品。

具备满足技能考核需要的客房一间，有单人床(1.2米×2米)、洗脸台，以及床上用品、清洁用品等配套用品。

(4)违规：

使用了要求中未涉及的材料、设备、器具、工具、道具。如果选手开始使用了任何不允许使用的物品，选手将被要求立即停止使用，并被认定为一次违规。如果选手还继续使用，则被认定为违反竞赛规则。

如果存在任何违规处罚，测量评分的分数将按照测量打分标准扣除对应分数，扣除数量取决于该模块的所占分值。每个环节都有测量评分裁判，任何违规处罚，需有两名以上的裁判在场见证并一致同意。

7. 竞赛效果

经过激烈的角逐，遇见海民宿的周文君等10人被评为温州市2020年度“十大优秀民宿管家”，周文君、林旭容、胡镪燊3人被评为“温州市技术能手”，70多人获得转型能力证书。

乐清市林枫山舍民宿的林旭容说：“自己来比赛之前一点底也没有，更没想过要获奖，毕竟之前没有受过酒店管理或者旅游管理等方面的专业教育。但是经过4天的学习，不仅对民宿产业发展的宏观知识有了了解，对民宿的新媒体营销有了更深刻的认识。更重要的是，通过老师的实操演示，自己全面地掌握了客房布置技巧，对自己影响很大，对以后提升自家民宿的经营管理水平和服务水平有着很大的帮助。”

郑白燕差一点获奖，她表示，自己竞赛之前非常紧张，也进行了充足的准备，最后没有入围，说明与同学、同行还有差距，与民宿管家的要求还有差距，接下来会好好消化老师教的知识，进一步地提升自己的相关技能。

隐心谷民宿的项琳莹说，这次学习和竞赛最大的收货是认识了更多的民宿业主和管家，这个平台非常好，这一个星期与大家共同学习、共同谈论，自己受益匪浅，今后将多多向同行学习。

后续温州科技职业学院将联合温州市农业农村局开展“十大优秀民宿管家师徒制”结对活动，对全市民宿从业者进行轮训，全面提升民宿从业者队伍的整体素质，全力推动民宿产业健康发展，为打赢脱贫攻坚战、全面建成小康社会、建设“重要窗口”作出贡献。

第三节　民宿从业者典型案例

一、回乡创业型民宿

(一)创业历程

在温州泰顺，有这么一座不奢华但很别致的小舍。在这个小舍里：春，山花烂漫，茶树飘香；夏，满目星斗，夏虫呢喃；秋，天高云淡，蔬果芬芳；冬，万物沉寂，雪花飘舞，每天都可以过成一首诗。而且这座小舍有一个很有诗意的名字——月·蓝舍。

蓝学许就是这座富有情调的民宿的主人。他曾经办过猪场，开过农家乐，也种过葡萄。虽然自己创业的那么多年在经济上也有些收获，但每每回到自己的家乡，总希望自己能为家乡做点什么。在蓝学许看来，自己的家乡泰顺很落后，但是却有着无可比拟的自然风光。在泰顺，随处可见青山绿水，感受鸟语花香。每次无论在外打拼多么辛苦，一回到家乡，一走入自然，所有的压力和烦恼都会烟消云散，在这里有他喜欢的生活方式。看到有的地方风景不如泰顺，但民宿搞得风生水起的时候，蓝学许就开始思考，应该在泰顺用自己祖宅打造一家别致的民宿，把家乡这张名片推出去。

有了这个想法之后，蓝学许就开始行动起来。准备工作就花了他几年时间。那几年，他走了很多地方，看了很多精品民宿，尤其是湖州德清莫干山一带的民宿，去看别人是怎样打造精品民宿的。遇到民宿不让参观的情况，蓝学许就自己掏腰包住进去。在参观过很多家精品民宿之后，虽说也花了不少钱，但蓝学许对民宿的整体审美有了大幅度的提升。为了将自家民宿打造得更加具有特色和品味，蓝学许特意从北京请来一位设计师，仅设计费就花了近 40 万元，对自家庭院进行专业规划和设计。当设计师将蓝学许的理念和情怀最终展现在效果图中时，蓝学许就正式启动装修的进程。

装修在 2014 年 8 月份正式开始，到 2017 年 12 月份才最终结束，花了超过 3 年时间。为了体现民宿自然的原汁原味并把传统建筑的工艺保留、传承下去，整栋大宅都是采用全卯榫木结构。蓝学许还专门跑到江西，花了 4 个月，找齐了 118 根杉木柱子，再找师傅花一年时间才搭建，才最终有了这个不用一颗铁钉的、纯手工打造的"月·蓝舍"建筑木主体结构。此外，蓝学许还让师傅在大堂内外的檐下雕刻花鸟，细节上极其讲精致，虽是新木，却不失气韵。整个民宿都坚守生态环保的理念，不使用一滴油漆，让木头自由地呼吸，让每个房间都能飘散着淡淡的木材香味。而且为了配合主体的原木主题，房间所有的家具都采用原木订制，配件也都简约大方，从灯罩到窗帘再到浴袍皆是亚麻材质，高织数的床上用品柔滑舒适，洗漱用品选用英国的 Seven Plus 檀韵系列，冬天的房间还有地暖，每个细节都让房客感受到舒适和温馨。

（二）创业理念及经营模式

在取名的时候，因为是自己的房子，蓝学许就称之为蓝舍，但仍觉缺了点什么。有一天晚上在院子思索，正值皓月当空，垂挂蓝舍上方，蓝学许灵机一动，便在蓝舍前加了个“月”字，就才有了“月 · 蓝舍”这个雅致的名字。“月 · 蓝舍”的18个房间也分为隐月、望月、觅月、邀月、邻月五个主题，对应亲子房、闺蜜房、情侣房、复式阁楼房等不同的房型，兼顾各种人群。除了住宿，“月 · 蓝舍”还设有会议室、休闲茶室、休闲书吧，满足不同的度假需求。房间前还有一个大大的院子，院子里的草坪齐整、油绿，正中石板铺地，边上设有躺椅、沙滩伞、白色泳池，与对面青山相映。在这里，春花烂漫开满庭院，夏树躺椅好纳凉，迎着秋风感受时光荏苒，冬雪潇洒在屋内暖酒陪伴。房间后便是古色古香的“山水人家”森林餐厅。餐厅提供山中四季食材，野菜、竹笋、绿豆腐、苦槠、野菌菇等山珍，还有特色的乌米饭，让游客跟着时令吃得新鲜。

在投入上千万打造之后，如今的“月 · 蓝舍”旺季的入住率达到 80%，年平均入住率也有 50%左右，但蓝学许觉得这还是远远不够的。20 人的团队中专业人才的储备仍然不足，还是以当地人为主。他希望能吸引到更多酒店管理方面、信息技术方面的人才。所以，他自己还会经常学习，比如来温州农民学院学习如何系统地经营民宿、如何管理人才等，做好准备，随时迎接人才的到来。

月满畲楼影，蓝舍游人来；忧烦随风散，山水比尘埃。这首诗可以形容蓝学许这座诗意般的民宿。在这里没有城市的喧嚣，有茶有酒有花香。在这里可以净化焦灼的心灵，感受宁静带来的力量。淡看山升云，月伴星，感受生命和自然的本来面貌。静静地枕着潺潺溪水入睡，静静地在鸟语虫鸣中醒来。这就是蓝学许最初的情怀，这也是他一直以来想要的生活方式，他实现了，并会一直将这样的生活方式通过他的“月 · 蓝舍”分享给更多的人。

（三）创业启示

民宿创业首先要定位明确，目标人群明确，蓝学许在创办民宿之前，主动参观、考察、体验了很多知名民宿，还专门去学习了民宿相关的专业知识，所以他在动工之前对整个民宿行业有了非常清晰的了解，也对目标人群有了精准的定位。其次要充分发挥当地的地理、人文、环境优势。泰顺是国家生态县、国家重点生态功能区，县域森林覆盖率达 76.1%，生态环境状况指数居全省前列，还拥有被誉为“天然生物基因库”和“绿色生态博物馆”的乌岩岭国家级自然保护区。蓝学许所在的村风景秀丽，与乌岩岭国家级自然保护区相近，蓝学许正是依靠这种环境优势和地理优势，保证了客源。同时，蓝学许重视管理，招收的民宿管家都是酒店管理、旅游管理相关专业的大学生，他也非常注重个人素质的提升，通过学习，不断地提升自己的经营管理能力。

二、就地创业型民宿

（一）创业历程

林坑古村，一座被人誉为隐逸在时光中的“山中璞玉”和“梦里桃源”的古村落，坐落于温州永嘉的北部山区，如今已成为游客争相前往的好去处。在这座美丽古村落的中心，有一家叫“小村一站”的民宿。小村一站，寓意为给游客在繁忙的生活中提供一站幸福休闲栖息地。根据大众点评上游客的描述，这家民宿的老板娘热情好客、服务贴心，农家菜味道好，民宿位置特别、居高临下视野佳……这家于 2013 年 3 月份开业的民宿自营业以来，就客源不断，生意兴隆。经营这家民宿的老板娘，就是温州农民学院的学员李小凤女士。她说，一路走来真的很不容易。但也许真的就是应了一句话，上帝关上了一扇门，必然会为你打开另一扇窗。从 20 世纪 90 年代初负债十几万元到今天的幸福生活，李小凤用她的所作所为赢得了大家的认可和尊重。

1990 年，刚 18 岁的李小凤和朋友结伴北漂前往北京做了裁缝。3 年后，因为遇到现在的丈夫，就返乡组建了自己的家庭。原本以为从此之后可以过上夫唱妇随、共同奋斗的日子，没想到婚后一年后丈夫身体出现了状况，在医院里一待就是一年。当时他们已经有一个女儿，在丈夫住院后发现自己又有身孕了。李小凤说，那段时间有很多人都劝她趁还年轻赶紧离开这个丈夫，但她不忍心也不愿意。和丈夫沟通后他们留下了肚子里的孩子。为了治好丈夫的病，李小凤不惜高利息四处借钱。就这样，带着一个孩子，肚子里又怀着一个，又要到医院里照顾丈夫，这位曾经瘦弱的女子一个人扛起了这个家。

为了给丈夫治病，这个新家庭已经欠下了十几万元的债务。丈夫的手术虽然很成功，但是术后仍需要调养和照顾。为了照顾丈夫和增加家庭收入，李小凤率先在村里开了一家小卖部，为村里人提供食品、生活必需品以及公共电话服务。刚开始，她一个人又要忙店里又要照顾家里，特别辛苦。渐渐地，丈夫的身体状况不断好起来，可以帮她带孩子，可以在她出去进货的时候看店。后来，村里人知道她曾经做过代课老师就选她当妇女主任、计生员。在家庭情况转好后，她也有精力为村里做些贡献。

山水不错的永嘉一直都有非常好的旅游资源，一些有着历史沉淀的古村落在这个喧嚣的时代对人们有着很大的吸引力。看到有人过来旅游了，李小凤便萌发了开农家乐的想法。就这样，她边开着小卖部，边成为村子里第一个开农家乐的人。随着她家客人越来越多，李小凤的农家乐也渐渐住不下了，她就把邻居家的空余房间整合过来。看着李小凤的农家乐生意越来越好，村里的几个干部也跟着做起了农家乐。后来因为孩子去镇里读书的缘故，李小凤一家便搬到了镇里，也把生活的重心放到了孩子的教育上。平时白天她去镇中心小学里代课，晚上在家里开辅导班，只有周末才有时间回村里照顾生意。这样来回奔波一段时间后，一方面是自己觉得太累了，一方面精力有限很难照顾到农家乐，所以客源就越来越少了。综合考虑之后，李小凤还是先把农家乐的生意放下了，专心和丈夫在镇里赚钱、照顾孩子读书。

转眼就十来年过去了，李小凤的一对儿女都离开镇里去读高中了。生活开支的增加、儿女也不在镇里、收入不多等各种因素让李小凤夫妇重新思考未来的道路。听朋友说外面生意好，他们就出去闯荡做生意。但由于没有经验又亏了十几万元，这又把李小凤夫妇置于走投无路的境地。无奈之下，只能回老家。那些一直待在老家的亲戚们于是给他们夫妇出主意，说这几年林坑开发得很好，客流量比以前也大大增加，让他们重新再开民宿。李小凤自己又实地考察了一段时间，发现确实现在开民宿的外部环境比之前又好很多。再综合考虑到自己曾经也有开民宿的成功经历、自己的农家菜手艺不错、家里古稀老人需要照顾等方面的原因，李小凤决定正式回家开民宿。他们夫妇把三个兄弟的房子租过来，总共七间房子，重整旗鼓再次出发。

原本以为重新开个民宿只需要二十几万元的投入,没想到后来重新装修需要一百来万。李小凤说,她真的很感激那些在她困难、需要资金时那些兄弟姐妹、朋友、同学、同事都慷慨解囊,借钱给她、帮她在银行贷款。有了这些亲人的支持,李小凤夫妇的民宿在精心装修设计之后就正式开始营业了。

(二)创业理念及经营模式

李小凤的民宿位于整个村庄的中心处,门前溪水潺潺,清澈见底,溪上廊桥独立,溪边有一排排翠绿的竹林,周围还有青墙、木屋、乌瓦以及夜晚的红灯笼,这些都为她的民宿锦上添花。而且她的民宿地势较高,有一番站得高、望得远之风味。为了将自己的民宿经营得更好,李小凤还走出家门,到处学习。她不仅去温州科技职业学院、温州农民学院参加微商创业培训班、温州市农产品品牌建设专题培训、温州市"妇"字号民宿发展培训班、温州市创意农业与特色民宿管家培训班,、温州市农旅融合发展培训班,还去其他院校参加永嘉县农家乐女子素质提升班、永嘉县农村青年致富带头人培训班,以及去省里参加全省农家乐特色村负责人培训班。为了烧出更好的农家菜肴,她考了中式烹调师证。她说,只要有培训,她都会挤出时间去参加、不落下。经过多次培训,她增长了见识,提升了领悟力,取他家之所长补自己民宿之不足。见得多了后,她经营民宿的感觉也慢慢培养起来了,开始根据自己的实际情况打造自家的特色。就这样,在她的不懈努力下,她曾经举债投入的资金三年之内全部还清,她的民宿在"2018 寻找最美民宿网络评选大赛"中荣获亚军,她的家庭还被温州市妇联、温州市农办、温州市农业局评为温州市首批"美丽庭院"示范户。

如今的"小村一站",有优美的风景、宁静的氛围,游客过来,可以在院子里吃饭、喝茶、聊天、发呆,也可以在这里写生摄影,累了困了可以就地住下,享受乡村的静谧,格外惬意和舒心。这家民宿的口碑也就是这样一传十、十传百,吸引更多的游客远道前来。而李小凤和丈夫辛苦了大半辈子,也可以在此时沉下心来,忙时在店里招呼客人,闲时就出去度假或是学习充电。

(三)创业启示

融资难、融资渠道不畅一直是农业创业的"瓶颈"。民宿产业前期投资比较大，对于之前没有经济基础的初创者来说，比较困难。李小凤原本以为重新开个民宿只需要 20 几万的投入，没想到后来重新装修需要 100 来万，所以她前期的投资就是亲戚朋友借来的，虽然借到了，解决了一时的困难，但这不是长久之计。所以，创业者还要学会融资，根据新创企业在不同发展阶段的资本需求特征，结合创业计划及企业发展战略，合理确定资本结构及资本需求数量，可以通过财政资本、银行信贷资本、非银行金融机构资本等渠道进行融资。

三、地域文化深度融合型民宿

（一）创业历程

1. 畲族文化的传播者

让川村是文成县西坑畲族镇的古村落，也是畲族文化浓郁的小乡村。村庄依山而建，错落分明，背靠千年古樟，毗邻红枫林，有始建于乾隆年间的叶氏祠堂，有体现淳朴乡土人情的四合院、节孝牌坊，有独具匠心的老门台等历史古迹，人文历史悠久。黄琳琴曾是文成县旅游局下属旅游公司的总经理。文成有着全国最高的瀑布，也有着密布的原始森林资源，还是著名的大名军师刘伯温的故里，虽然是生态旅游的示范县，但是民宿发展相对滞后，远远跟不上顾客的需求，她看在眼里，急在心里。根据多年从事旅游工作的经验及独到眼光，黄琳琴 2015 年毅然决定辞职，开发并经营了自己的第一家“悦慢民宿”——坐落在文成西坑镇让川村的“悦慢小院”。

“悦慢小院”一经推出便火爆文成旅游市场，客商企业于第二年便回收投资额的 70%。尝到甜头之后，客商企业又投资打造了香樟小院、红枫小院、翠竹小院、畲家小院、竹篱樟影、山水人家等 8 家民宿小院，她还开办了南田武阳村的连锁分店——悦慢武阳店。现在悦慢民宿共有 55 间客房、115 个床位，特色餐饮 400 个座位，住宿率达到 80%以上。

2. 整村开发办民宿

文成县下石庄村坐落于文成县百丈漈镇西南侧石钟山下，故而得名。过去该村村集体经济几乎为零，2013 年绝大多数村民搬迁到集镇中心，只剩二十多户困难户和老人留守在老村。

近年来，该村在温州农民学院优秀学员、村党支部书记赵小红及村两委的带领下，探索村集体经济发展及村民脱贫致富新模式。他们抓住56省道改建后通过该村的契机，深挖文化底蕴，引进社会资本，激活资金源头，推进民宿开发和文化创意融合、农业产业与旅游产业融合，探索出一条农旅结合、以旅带农、兴旅富民之路。

（二）创业理念及经营模式

黄琳琴深挖当地民俗底蕴，着力打造畲族婚嫁表演和畲家长桌宴特色名片。2017年开始，畲家长桌宴年接待超过5万多人次，天天爆满，至少需要提前10天预订，还带动了让川村村民的农产品销售与本村30位正式员工与50多位临时工的就业。此外，她带动4户村民一起开发民宿，从装修设计、宣传策划到各种经营证件的办理，直到开业都给予全程指导，当前她将这4家民宿整合到一起，统一管理、宣传、分配客源。如今的让川在“悦慢民宿”的产业带动下成了真正的旅游村，吸引着大量游客，村里的石头墙、竹篱笆、孝牌坊，让游客驻足观看，让川也不再穷，千年古樟树、乡村四合院、枫树林，成了乡村游的“聚宝盆”。目前的“悦慢民宿”已成为文成民宿业的一颗璀璨明珠，也成为浙江省的特色民宿、温州市首批时尚农家、温州市特色客栈、温州市最美巾帼民宿、温州市首批森林康养基地。

曾经的下石庄村是一个城镇规划乱，历史建筑没有得到保护，村庄没有特色的小村落，村里存有不少老屋，保存完好的老屋上的雕饰格外精美，但当时都没人在意这些，在一次偶然的机会，赵小红意识到身边的资源就是最好的项目，这些老屋若加以修缮，保护，定能建设一个古村落地段来吸引游客。于是她连夜书写项目材料，在短短几个小时内写好报告，后与镇领导送往县里相关单位。虽然得到了镇领导的支持，但当时的村民并不认同她，她仍然坚持单枪匹马进老屋爬阁楼、钻防空洞、登山找遗址，一个月后在村民怀疑、甚至有人冷嘲热讽说这是水中摸月一场空、还说她们疯了的情况下，村两委成员不计报酬，几乎放弃了所有的休息时间，始终坚持帮忙寻找古迹、收集族谱、人物传奇、民间传说、挨家挨户查找农耕文化用品、民俗风情文化用品，不停地走访、记录、摄影，就这样整整坚持了半年的时间，他们终于以实际行动赢得了群众的支持和拥护。为了成功申报历史文化古村落,一支由下石庄村党员、村民自主发动组成的30多人的志愿者队伍,对村庄通路、河道及房前屋后进行了连续半个月的环境清理大扫除。这次活动不但增加了党员群众间的紧密联系,更是增强了村民一定的家园环境保护意识。村两委动员村民以闲置土地、旧房屋入股等方式,共同参与开发建设。在做好物业出租的同时,以古村落保护开发为契机,铺道路、种绿化、清垃圾,大力修复古河道、古桥,修缮古祠堂、古民居、富松亭墓等古文化特色建筑,开办文化创意园、农家书屋,引进石门台民宿、牛栏咖啡等项目,组织村里12名总年龄超过1 000岁的阿婆组成了“千岁老年旗袍队”,组织30多名“特殊志愿者服务队”,保护古建筑,保持整村文明整洁。

下石庄村通过古村落保护开发、村庄立体打造,实现了本不起眼的破败村落向高颜值、有底蕴的民宿村蜕变,推动“一处美”向“一片美”再到“整体美”的转变,加快了美丽乡村风景线建设,增强了群众归属感。村集体和农民的各类资源,利用闲置土地、房屋共同参与开发建设,增加农民转移性收入,实现土地、房屋“双增值”,增强了农民的获得感。如今的下石庄,古民居错落有序,呈现青山间“桃花源”式的古村落景观,先后被评为省级历史文化村落、3A级景区村、市级美丽乡村样板村、省级美丽乡村特色精品村。过去这里的老地基2 000元一间没人要,现在这里的民宿,春节期间每晚2 000元一个房间还订不到。

(三)创业启示

创业者要明确自己所选的项目核心竞争力在哪里,黄琳琴和赵小红都认识到地域文化是民宿的核心竞争力,将传统文化与民宿发展深入融合,发展特色民宿。省内外的游客都是为了观看畲族婚嫁表演和吃畲家长桌宴才到悦漫民宿。下石庄村也引进开臣璞居金宿、文创园和南拳演绎等项目,突出文化挖掘,推进民宿开发和文化创意融合、农业产业与旅游产业相融合,探索出一条以旅带农、兴旅富民的创新、协调、绿色、开放、共享之路。

第三篇

创业型职业农民创业个案研究

第六章

生产经营型的创业型职业农民研究

第一节　高品质、响品牌、高溢价能力使创业者获取更多

受访者简介：王国标，文成县务实农业专业合作社负责人。文成县务实农业专业合作社位于大峃镇王家村，于 2014 年成立，合作社注册资金 100 万元。合作社糯米山药基地位于大峃镇王家村，占地 200 余亩，气候属于亚热带润湿性季风气候，温暖湿润，四季分明，日照充分，降水充沛，无重大自然灾害影响。基地土壤为砂壤，适宜山药等作物的种植；灌溉用水水质无污染。基地周围无污染性工矿企业排放废水，空气清新，生态环境优良，适宜发展无公害农产品。当前基地育苗大棚 1 000 平方米，基本满足糯米山药标准化种植的条件。温州农科院、县科技局、糯米山药基地为项目技术支撑单位，技术力量雄厚，为基地山药种植提供坚实的技术支撑。项目区发展农业产业历史悠久，合作社社员基础较好，专业技术成熟，且劳动力相对富裕，为糯米山药标准化培育推广示范项目的实施提供了有力的人力资源保证。

主持人：王总，您作为文成有一定影响力的民营企业创业者，特别是以科技创业为主的企业家，我们想了解你们整个运行的情况以及存在的问题，看看哪些可以作为你们今后发展支持这一方面的情况。这里有几件事情我想了解一下，

您是做糯米山药的生产加工销售这个产业为主，您在做这个创业的过程中，如何跨界进入糯米山药产业的科技创业的？

王国标：原来糯米山药这个东西在文成称作糯米薯。我当初不是搞农业的，我在 1994 年以前还是搞企业的，无意当中尝试到这个山药，这么好吃的东西为什么不发展呢？就是抱着这样的心理去问工商局，我说："文成有个糯米薯，你们知道不知道？"他们说："还不知道。"我说："有没有人过来注册？"他们说："没有。"于是我就注册了，把商标注册起来。他们说："注册商标要通过合作社或者是公司，个体户不能去注册。"我就注册了一个务实农业专业合作社，但是我这个合作社实际上也是专业搞糯米山药，就是这个想法。

当初文成整个县种糯籼山药还不到 40 亩，就是我们王家村一直有农户在种，其他地方没有，只有几家人在种，收获之后挑到大峃街去卖，10 元一斤。这个效益也好，我就种起来。确实好种，我种了 26 株，随便管理一下挖起来一株平均都有 5 斤种，这个值得发展。所以我决定跑到农业局去，我说这个能不能在文成大面积发展，当时农业局一点都不关心，那时候主要是注重茶叶和杨梅。这个投入少、见效快、周期短，春天播种，秋后就有收成了，效益这么好，在文成这个地方搞其他农业未必有优势。这个农业带动农民致富真的是个好项目。时任农业局局长叶桂平比较感兴趣，我们两个人一直在聊，无论到哪里就说这个东西好、这个东西好发展。然后种植的人多了起来，差不多 2019 年为止应该达到 8 000 亩，2020 年有可能还会达到 1 万亩。五六年时间能够增收这么快，确实是个相当好的项目。

种植这一块我们已经扶持上来了，整个文成已经带动了，每一个村、每个乡镇都有农户在种。我们接下去考虑的不是种植的问题，而主要是考虑销售问题。种的人多，互相压价，这成为很大的问题。再说现在像我们这些企业，有心想把这个产业做大，像我们急需把糯米山药做成深加工，急需要厂房，文成的地紧张，批不下来。作为一个企业来说，你不把糯米山药往深加工这块挖掘的话，我想是做不出去的，很容易饱和，再互相压价。

打个比方，像 2019 年，我们山药原来批发价是 8 元，酒店也好，个人购买也好，都是 8 块钱。1994 年开始，1997 年的时候，温州瑞安至少有 15～20 家的酒店用我们的山药，但是这几年下来，本地区的酒店业务我们没办法做了，农民种起来直接送到那边酒店去，4元、4.5元，我们不具备价格优势，只能往深加工这方面去考虑、去发展。

主持人：我们也看到了，我们来到文成之后，特别像你们“务实农业”“昌农”这几个企业，把文成的糯米山药产业从相对小规模的产业慢慢集合起来达到如今的规模，2020年可能达到1万亩左右。

王国标：应该有的。

主持人：在您经营糯米山药的过程当中，您主要经营的理念和经营方式是什么？

王国标：经营理念就是向绿色无公害发展。销售这方面，周边地区，温州以内的地方几乎都不卖了，我们现在是向全国发展，从外地各个省，尤其是那些大城市，上海、杭州、南京，最发达的这几个省份，像广东我们都有销售。出口这一块我们也在思考，我自己也做过出口这块，山药不像普通的产品，它是很容易变质腐烂的，这块我们还有待研究开发。

主持人：我也了解到，您作为经营主，前几年自己种的面积可能大一点，这几年自己种的少了。

王国标：这个是事实，以前有120亩左右，但是那时候是周边种的人少，我们不够卖，自己多种一点，但是农民是很怕担风险的，叫他扩大种植规模，但是他又怕担这个风险，怕卖不了，所以说，我们这几年已经达到这个规模，我们无需自己再拼命去种了，我们只能是带动农民，以跟他签约的形式，给他保底价、协议价定下来多少钱收购，你种起来达到我们要求的山药我们全部收购。这样我们不需要那么大面积去种，把这个精力集中到帮助农民管理和自己销售市场这方面多跑跑，去开拓。

主持人：你们在管理的过程中有哪些方法可以约束农民，保证他们种出绿色、健康、好吃的山药呢？因为山药品质变化很大。

王国标：我们首选土壤，比如说这个土壤一直是种水稻的，一般水稻是不打除草剂的，再一个是达到我们要求，种出来品相都比较好的土壤，跟他们签订协议。在农资农药管理这块上面我们也是抓得很严。像化肥这一类，我们建议都是有机肥，都是农家肥，我们去统一采购，去内蒙古那边一车拉过来都是40万吨。我们拉过来，就是按成本价与农民结算，农民需要多少我们分给他多少。我们这几年摸索下来的经验，化肥种的山药与有机肥种的山药的区别很大。第一，套管上面，套管就好得多。第二，储存方面，你如果全部是用化肥种的，它挖起来储存时间很短，它会马上变质。像我们用农家肥种起来的山药就很容易储存，也不会那么快腐烂。

我们都是严格地要求农民根据我们的方法种植，前几年他们不种有机肥，直接用化肥种，用化肥种快是快，省力是省力，像 1 亩搞个 200 斤化肥种下去就完事了，现在用农家肥的话人工投入也确实是很大的，施肥过程一瓢一瓢把它舀进去。目前来说，为什么这几年下来外面的业务和客户反馈过来，与其他地方农民种起来对比很明显。像我们这个山药销售出去，回头客是百分百的，这个客户就掌握在我们手上了，不会跑到其他去。确实，他们也承认，他说你这个山药确实比别人贵一点，但是你这个我是放心吃。他们有的也到我们基地去看过了，黄板，粘虫的，一张虫板粘上去，3 个晚上几乎都是红蜘蛛、会飞的蛾，那个是最容易传染病原的，所以一张板上都挂上五六个、七八个，我一亩地大概挂个 50 张，多少虫在里面，不打农药，我们从不打农药。

主持人：您刚才也讲了，您这里与农户有签订协议合作的模式。您在实施的过程中如何保证农户能够守契约精神按时把山药卖给您，而不是他自己拿到市场上就市卖市，是不是如果市价高的话他就卖到市场上去？

王国标：确实有发生这样的事情。比如说我们报价是 4 元或者 4.5 元，我们签协议的时候也给他说明，比如说外面市场卖 5 元或者 5.5 元，你首先要征得我同意，外面市场上是这个价格了，你要不要？假如说我不要了，我愿意叫你这个价格卖出去，可以。但是你这个价格我能够承受的、我愿意回收的，我有优先权。我们给农民吃一个“定心丸”，是什么意思？保底价格就是一个“定心丸”。今年的山药我 4 元跟你订，或者 4.5 元跟你订，但是你低于 3 元，市场上面卖 3 元也好，我就要拿出真金白银 4.5 元，按协议走，那样农民就放心种了。即使我卖不了，反正我的山药种起来是给你的，农民是很放心的，只要他拼命去管理就可以了，不怕销售不了。像不在我们这个协议范围内的那部分人，他是很担心的，今年山药卖不卖得了，他也是很担心的。我们现在签订一个协议，尤其在协议范围内的，种子我免费提供给他。

主持人：这样是可以跟农民形成利益的捆绑，您有优先认购权，如果高于这个价格您无法接受，市面上接受他可以卖。

王国标：这个不能用霸权，现在是市场经济。

主持人：王总，从 2018 年开始我就感觉到您跟其他种植山药的农户或者企业家很大的区别就是，您热衷于推动山药整个产业的发展、山药品牌的树立以及参加省里、市里的农博会，然后获得品牌的金奖，您是怎么看待这个问题的？这个对您企业的发展主要的作用在哪里？

王国标：省政府这些奖牌或者是文成政府这些奖类对于我们个人来说，也是督促我们今后要记住我们这个金牌是怎么得来的，要更严格要求农户怎么做。像打农药，我们就是同一时间，这个是由我来掌握的，我也经常会去田间巡逻，发现这个农户的山药缺肥或者是得了什么虫害，我们就提早告诉他，及时去处理。

主持人：你们在实施的过程中，我们经常看到您抱着山药向领导推介，做一些山药烹饪方面的宣传，这个是怎么考虑的？

王国标：往往一个好东西你必须要通过各种平台推销出去，你窝在家里别人永远不知道你这个是什么东西，所以我们通过各地方农博会平台，我们现场烧制给他们品尝，吃了以后人家才知道这个是好东西、好食材。像有些酒店也是一样，他们那些五星级酒店，说难听点，厨师长好像自己是老大一样，对我们这些农民是看不上眼的。打个比方，就像在杭州那边农博会的品鉴会上，我第一届去参加的时候把山药食材送到金马饭店，那个是五星级酒店，农博会是省厅组织的，农博会的品鉴会是在那里开的。当时我送过去给他的时候，那个厨师长非常自傲，他说这个东西烧起来应该很简单，我再三强调这个东西该怎么烧，他感觉我们很啰嗦，反而反感起来了，他就用他自己的方法蒸，刚蒸出来入味入不进去的，吃的口感还是可以的，后来我看他这样子就根据他的方法走，他后来烧起来，那一届的搞砸了。烧起来 1 个小时以后才端出来吃，那个山药已经硬掉了，冷掉了就不好吃了。我自己感觉很无奈，我这么好的东西给你做成这样子。

第二年，我向市里面那些领导和省厅的领导反映，我说我们糯米山药还想过来参加这个品鉴会，第二年给我们去，我们夫妻俩自己烧了，是用传统的烧制方法，毕竟已经很有经验了。后来我们夫妻烧出来以后，整个农博会品鉴会里面很轰动，吃完以后一直问他们，说这个食材是哪里来的，后来他们也介绍到我了，各个人都站起来向我们每一桌要名片过去。

主持人:您以前是做木工的,怎么忽然想到做农业了?

王国标:我做的行业多了。

主持人:您以前的这种创业经验与现在这个创业项目的关联度,以及前期的工作经验对你您个项目主要是哪些方面有比较大的帮助?

王国标:这个取决于哪里?说实在我做过的行业比较多。刚初中毕业的时候去当学徒,做木工,做了几年木工,在外地也是学习各方面的社会经验了。做了几年木工以后转行,摆过地摊,地摊都摆过的人这个精神是很厉害的,跑到南宁那么远的地方去,我独立过去闯市场,后来看到针织市场。

衣服也有做,主要是围脖、围巾,做女士的装饰,专门做出口,做了几年下来。正好那几年外面出口单量不好找,生意也很惨淡。我想想做其他行业也做怕了,资金投进去晚上都不好睡觉的,像我们做外贸的时候,一天发出去的单就是十几万、二十万,客户欠我们都几百万,最多的时候有三四百万欠账,晚上睡不着,精神压力很大,思想负担很重,想搞一个轻松一点的。轻松一点的就是投入农业,自己喜欢干就去干,不喜欢干就睡觉,很自由的一个职业。但是投进去以后这个东西同样不是像我们想象的那么简单,你既然做这一行,我们是做哪行就专哪行,就精到哪行,要想做就做到最好,随便做哪行我都是做出很大的名气来。所以说,这几年下来做农业还是个体力活,整天在山上,他们说你这段时间晒的,我这 40 天瘦了 18 斤了,所以做农业也是很辛苦的。

主持人:您以前这种创业精神、冒险的精神以及勤奋、吃苦、耐劳的精神跟您现在创业的品质还是一脉相承的,只有这样子,您才有现在在糯米山药界的地位。

王国标:是的。我现在也 50 多岁了,社会经验也比较丰富了,各个方面一路走过来,对人要诚实,你要诚诚恳恳、老老实实地去做,要凭着良心去做,随便哪一个行业你都慢慢会做起来,不是说一时就做起来,口碑是通过慢慢积累起来的,一下子吹得怎么样好,这个没用。像我们做外贸,你不能偷工减料,那时候我们产品做出来,乌兹别克斯坦那些客户,拿着现金到文成来,坐那里等着我的货,生意做到那么红,所以我们生意那么好,种起来的东西马上卖掉,有的人会想到偷工减料,那可不行。像围巾,兔毛是 20 几万元一吨,我们放着次料的兔毛,假如说 22 万元一吨,我换成 18 万元的,客户一般看不出来,但是我们不这样做。

主持人：就相当于您现在做这个山药一样，国标的山药那就是高品质的代名词，就是用这样的理念去做山药产业。

王国标：我也是这样想。我不跟他们去市场上搞恶劣的价格战。我的品质一定要好，我的价格比别人家确实要贵一点，但是我们投入的成本也大。像他们的山药，农民要化肥种起来的，他已经可以种到一株十来斤，亩产算下来的话差不多也有七八千斤，我们的产量才 3 000 斤，我们是控制住品相。

主持人：我知道您的糯米山药从开始种，包括前期的做一些组培苗，都在积极地跟科技结合，在整个糯米山药种植、销售、加工、烹饪这块，您觉得科技这个方面对你这个创业的过程中主要有哪些方面的影响，以及您是怎么看待以科技的力量来驱动创业的活动？

王国标：现在都是往科技方面发展，你用土办法来搞新品种已经很难了，尤其像你们这个“山哥哥”产业园，你们康养院引进这套设备，对我们企业带动很大，但是我们虽然产品做出来后面因为各方面的原因保存得不大理想，但是前面这块投入至少给我们起个带头作用。科技这一块，包括种植这一块，现在也要靠科技，像组培苗，我现在是第三代了，整个文成现在就是我有这个第三代的组培苗，文成其他人已经没有了，我是从磐安引进的，跟我们文成是同一个母体的，也是同一年种植的，但是他们感觉到没有产量就不种了，我现在还是第三代。唯独我有第三代在种，虽然产量很低，但至少有一个科研的数据出来，我们可以从中找到以上种植的依据，以后对你们这些搞科研的人，提供给你们也是个依据，所以我一直在这搞。

主持人：您在种植的过程中，我们也知道有很多老师跟您一起有合作，包括杨博士、朱老师、陈院长，在您种植的过程中，他们的新技术、新模式在您这实施的过程中对整个糯米山药生产有些什么大的影响？

王国标：作为一个科研团队来说，他们对糯米山药有深入的研究，像那个人搞深加工冷藏这一块，他也花了好几年的心血，如果叫我们自己去做的话这块也是做不起来的。像朱老师、陈院长，对我们文成糯米山药支持力度也是相当大，这几年下来一直跑文成，想把糯米山药做好，所以对他们来说，对我们文成糯米山药帮助也是很大的，尤其他们带过来的科技的理念，我们以科技理念去管理、种植和销售，都有直接的影响。

主持人:在这个实施的过程中,您也积极参与到研究院的项目里面去,包括省市重大专项里面也都参加,我们在实施的过程中是按照一个老师加一个项目,再加你们一个企业,来打包、来运行扶持服务的项目。在我们实施"导师+项目+企业"模式的过程中,您觉得哪些地方还存在不足,或者哪些地方有优势,可以谈谈吗?

王国标:这个项目我现在体会还不是很深刻,为什么?这个成绩一下子是出不来的,这个肯定有优势的,我们碰到难题及时向导师反映,但是现在还没有那么快体现出来。

主持人:还有一个,您觉得在您种植的高品质、绿色、健康山药的过程中,哪几个因素是至关重要的,才能确保山药是绿色、健康、高品质的?

王国标:我起先讲过了,首选是土壤,要没有污染的土壤种出来品质才好。其次,我们优选种子,种子也是很关键的资源。再一个是管理,像施肥的管理,后期管理就决定了品相的好坏,我们现在通过湿度来控制山药的形状和品相,这些都是经过老师跟我们一起摸索得出来的经验。我们用水分来控制山药的长势,这种做法现在我们已经准备推广出去了。山药这个东西很奇怪,它碰到硬的东西又会钻下去,碰到水就不长,还是横着长。

主持人:这个还是很有科技含量在里面的,包括我知道的用水来管理山药的塑形情况。这个您前几年就讲过。后来朱建军老师过来之后,他搞了一个定向栽培槽,也是以科技的形式帮助固定成长出一种好的塑形的科技做法。这个的确在生产过程中有大的影响。

王国标:像定向种植这一块,用套管这一块,你们投入那么大的物力、人力去一代一代地翻新过来,像今年和去年的模型又不一样了,前年我们是用暖管,经过一次一次的经验翻新,现在越来越好了,今年这个管就比较科学、比较合理了。做起来有镂空的地方,我前几天挖下去看,它的根会从镂空那个地方长下去了,所以说这个比去年要好,这个要经过实践一步步完善。

主持人:我想了解一下,在您从原先的其他行当转到我们农业行当里来,您觉得政府在您创业的过程中扮演了什么样的角色,在哪些方面对您是帮助比较大?

王国标:我们主要涉及的是糯米山药产业,其他农业我没参与,从这块方面来说，政府是非常支持我们糯米山药这个产业的，支持力度相当大，也看好这个市场。像种植户补贴，补贴到这个程度，在浙江省来说没有第二家。

主持人：一亩现在补贴是 800 元。

王国标：整个省我们没有其他蔬菜的补贴有这么高，像油菜补贴 500 元，这块文成政府做得相当好。外地那些专家都在点赞，为我们文成点赞。要不然政府补助这一块说多不多、说少不少，这一块对我们来说是作为一个"调味剂"，像味精一样，我们不是说主要依靠政府这块，但是这一块拿过来对企业帮助力度肯定是很大的。

主持人：除了补贴这一块对你们有支持，其他方面政府对你们还有一些什么样的支持呢？

王国标：有。像农业农村局财政里面拨出来品牌包装补贴，我们一年光这一块包装盒就差不多要十几万元，政府补贴给我们，减轻我们负担，补贴一半，光这一块，整个文成农业企业算起来要多少钱？给我们企业减轻了很大的负担。像物流，现在物流补贴本来局限于物流冷链这一块，但是我们这几个糯米山药销售大户后来反映上去，现在把我们糯米山药也加进去了，对我们来说也是很大力度的支持。

主持人：产业补贴、包装设计补贴、快递物流补贴，那还是不错的。

王国标：真的不错，政府这几年对文成农业支持的力度确实很大，我们衷心感谢政府。

主持人：还有一个，在生产的过程当中，高校、院所，包括政府，也在积极培育这种新的创业型职业农民，就是农民培训这一块，像您也参加过好几次我们的培训。从您的角度看，我们政府主导的新型职业农民培训应该更加注重于哪几个方面给你们培训效果比较好？

王国标：对我们来说，现在培训主要是开拓市场、营销这一块，种植这一块，现在文成几乎每个人都成专家了，你不需要担心了，只不过有的人是动歪脑子，有时候你不及时监督，我多用一次化肥又怎么样，多用一次农药又怎么样，他有这个侥幸心理。像其他的培训，我们希望多一些开拓市场方面的，政府部门多组织一些推介会，像农博会这一类，我们几乎到 12 月，整个月都在外面巡逻了，已经都在外面了，都没在家了。还要通过其他的渠道，比如政府结对，县里面牵头到各个机关食堂，我们企业免费提供食材去做宣传、做广告，这个效益比电视广告肯定好得多。像前年下大雪，到浙江省农业厅那个食堂去做推广。他们真的精神可嘉，听说是糯米山药，我们到得也比较迟，等我们烧出来快开锅的时候他们饭已经差不多吃完了，但是那部分吃完的人还是坐在那里等，他们说我一定要尝一尝文成糯米山药，你说这个效果好不好？一个食堂里面至少有 500 个吃饭的人，一传十，十传百，传出去效果就非常好。文成糯米山药知名度这几年打开了，主要是通过农博会政府官网的宣传。

比如在桐乡，桐乡从来没有人知道糯米山药，但是去年我们在杭州卖得很好，他们桐乡市农业局的几个主委看到我，就邀请我，问我去不去桐乡，我说不想去你们县级市。他们说不要小看我们桐乡，我们桐乡的销售量不比杭州差。我说去吧。文成就是邀请我一家糯米山药，我是看中你这个食材，也品尝过，品鉴会上也吃过你这个糯米山药，你卖得这么火，我才邀请你去。后来第一天去，他们农业局里面自己有个群，他就发出去了，你们今天去逛农博会，多多关注糯米山药，真的很好吃。他们内部人说好吃，他就过来买。第一天销售不是很好，但也卖了 1 000 多斤。到第二天，整个农业局的过来，你 5 箱，他 6 箱，不够卖，带去了 3 000 斤，卖了 2 天半，卖完了，后来我表弟又送了 1 000 多斤过来。

所以说通过这些平台是最好的，你真正自己去跑业务是很难跑的，说实在的，像我们胆量比较大、闯过市场的人，那些五星级酒店我还敢进去找厨师长，像真正地道的农民，他到门口心都一直跳了，还敢进去？所以真正自己去跑业务是很难的。再说我们还要通过什么渠道？就是做一级一级的提成、分销，我做进去一个酒店，带动一片酒店，为什么？首先跟厨师长有个君子协议，我的山药给你 10 元或者批发价 8 元，500 斤起 8 元，我们是这样子，他通过他的食材渠道卖出去不止这个价，他卖出去至少要 12 元、15 元，中间这一部分，杭州那边那些大的酒店，我 8 元批发价给他，8 元他卖到多少？最高卖 15 元，他赚 7 元，如果通过他的平台接 10 个酒店，1 个酒店一天 100 斤，10 个酒店 1 000 斤，他赚了 7 000 元，所以他也拼命给我们做。现在越做越大，各个地方都帮我推荐出去。大家有利可图，但是他要达到一个量，这个酒店厨师长能够达到的量，他会直接找我，我们也是通过这种方法做出去的，前提是品质一定要好。

主持人：像今年网红直播很流行，您这边有没有新的模式、新的技术来介入您现在的整个过程中?

王国标:我们现在也准备往这方面发展,跟着时代走、跟着潮流走。像上次在武阳那里我们没产品,这个时候没产品不需要去做直播。我跟他说你到10月份过来帮我做一场直播。

主持人:好的,非常感谢今天王总给我们讲这么多,学习到很多,谢谢。

第二节　精湛的加工工艺可以让从业者获得新生

受访人简介:张平,文成县政协委员、周山茶业发展有限公司总经理。

采访者:张总,我为什么想叫您过来?因为文成茶叶企业我们也接触了几个,文成十大产业里面茶叶也名列其中。以前您在政协也跟我在同一组,经常听到关于您在政府里面怎样扶持、帮助农业企业发展壮大的事,所以你们有切身体会。一个就是因为您自己亲身经历过,有很多好的意见建议,想听听您的意见。

这里我想了解几件事情,一件是您做茶叶之前是做什么生意的?

张　平:我原来是在厂里的,年轻的时候在厂里,文成最早的石磷厂,后来那个厂没办好,我自己出来开车,后来在上海做生意,又跑了回来。

采访者:为什么跑回来之后会想到做茶叶呢?

张　平:这说起来就是一大堆的事情。

采访者:哪几个是关键的因素吸引你来做茶叶呢?

张　平:这不是什么因素吸引我。主要是我在开车的时候,因为我家亲戚在那里搞茶叶,叫我给他帮忙,后来就一直做下来了。从1995年开始。

采访者:您从1995年就开始搞茶叶?

张　平:那时候没机遇,去周山那边厂包过来做,把老百姓的茶叶收过来加工,那时候名优茶加工只有一点点,大众茶也做,比如草青,做起来瑞安3块多、4块多、5块多,就是卖那些茶。

采访者:那时候主要是您从农户那里收过来的,您自己茶炒起来,卖一些中低端的茶叶。

张　平:你看到我的公司名称就是周山茶叶发展有限公司,原先我最早的时候是在文成周山乡。周山乡里原先是没人做茶的,就是他们几个小打小闹,乡里有台机器在那里,没人做,那台机器很老,冷凝机也是很老的一种,杀青机就是一个滚筒,小小的一个。那个时候开始做,我自己开货车送到瑞安去卖,都是这样做。

我的公司是1998年成立的,后来就是在我亲戚家里的老房子,乡里那几个人要包了,那个厂被他们包走了,我就回到周山,重新去搞一套旧的设备,那时候没钱,搞旧设备在我亲戚家里做,1998年开始做到2004年,2005年搬到那边去的。我那边厂房是2005年开始盖的,就是我那个亲戚的老房子那里从1998年一直做到2006年,2006年春茶就没做了,做到2005年过。那边2005年房子盖好,2006年的春茶就在新厂房做。那边是2003年搬过来,从小苗栽下去到三年不是没茶叶做嘛,后来到2006年开始采了我就搬过去了。机器设备就重新买过来。到了2008年,楼下那一套老的设备,里面不是有两个滚筒的吗?那是2008年买的。

采访者:2008年买来开始自己加工绿茶、红茶了?

张　平:没有。那时候一直还是绿茶。绿茶做下来到了一几年的时候,买来两个滚筒,开始专门做香茶了。买来两台设备以后,接下来就是到一几年的时候,做红茶很迟,可能是2013年还是2014年才开始,开始做起来没用,那些师傅过来做做,自己去学学,学起来也不太行。这几年的红茶做得还可以。周壤那边是在2003年开始,2006年开始加工,厂房盖好,到了现在。

采访者:您真正做茶叶产业企业是在2006年搬到新的厂区之后。

张　平:开始大批量。在周山的时候量是很多的,就是春茶,做了好多,清明以后量很大,都是一天3 000多斤,我做过最多的是6 000多斤,茶青种不过来,后来把茶青运到百丈漈,现在上面有个茶园在那里,它不是有松坤在那里做的吗?现在他的茶园不是包给别人了吗?现在他那里名气很大,后来把茶青用拖拉机拉到他那里去做,做不了,一天采下来四五千斤,就是一个滚筒,杀青机根本做不了。那时候农民采过来也便宜,5毛。

采访者:那时候做茶叶生意还是相对比较好做的,您主要是自己用滚筒把它做成绿茶,然后销售到代理商还是自己直接销售?

张　平:瑞安批发市场。

采访者:那时候效益总体上还可以吗?

张　平:总体上也不好,一年赚几千元钱,3 元钱一斤卖到 5 元钱、4 元多一斤,茶青都要 4 毛多、5 毛多。

采访者:后面搬到周山之后,你对原来这套做茶的工艺、做茶生产的模式有什么改变吗?

张　平:那些老的设备全改掉了,后来重新买,松阳人过来在周山做香茶,后来那个杀青机不是做不了了吗? 到了 2006 年的时候搬过去,可能是 2007 年买的,那种杀青机滚筒买了 2 个,冷凝机买了 4 个,后来就开始做香茶了。香茶做好以后,后来是茗茶的机器慢慢改进过来,2012 年开始茗茶的自动流水线上了一台,后来不是到了 2016 年的时候,茗茶跟大众茶重新上线了。

采访者:在做茶叶的过程中,技术更新换代是您自己摸索的还是有师傅或者科技人员来指导?

张　平:你知道文成根本没有茶叶科技人员,省里派过来的也没有,今年派一个姜老师过来,说是指导做茶叶,基本上还是茶叶机械为主,加工为主,他也不是种植为主。他正式的专业不是种植,是加工。其实他们的加工方式完全不一样。

采访者:实践操作跟理论还是有很大的差别。您从 2006 年搬到周壤之后,是怎么提升工艺水平的?

张　平:我好的设备移过来,我的茶叶就慢慢提升上去了。

采访者:您是自己摸索的?

张　平:我都是自己做的。有个小伙子是给我做茶叶的,他给我做茶叶的时候我是很放心的,因为他一直都跟着我做,后来他会做了,我自己一般都不出手了。不管做什么茶,教他怎么做,他基本上按照我的方式去做好,我看就行了。

采访者:去年我到您那里去过几次,我去的时候看到您在那里做茶叶,没日没夜地在那里做。现在工人跟您的师傅还有您自己是怎么样来生产茶叶,不可能您自己既做老板,又一直在生产,销售谁来负责? 您这个怎么协调?

张　平:主要就是一个销售问题,现在不是单单文成有茶叶,全国各地的茶叶太多了,外面的价格比你还便宜。我们现在主要是几个老客户做做了,再做一个批发市场,便宜点批发掉就算了。为什么他们以前对我讲文成的茶叶有什么品牌？品牌是有，反正文成的茶叶基本上是当伪军的，鬼子过来了，它也是当伪军的，就是说都是给别人套牌的，你卖出去都是别人的牌子，自己的牌子没有，根本打不响。

采访者：您说是我们的品质不行还是品牌的影响力不行？

张　平：品牌的影响力不行。品质，就说我们的香茶做起来拉到松阳，颜色色差比起来没他们那个绿，喝的口感百分之百比它好。文成的茶叶泡一杯喝一下，茶叶口感比它好。松阳那个茶叶泡出来水会淡一点，香气没有，农药太多了。

采访者：既然我们的茶叶品质这么好，为什么一直走不出这个困境？

张　平：每家每户都是为自己销售，一般跑出去都是每个人跑自己的生意，跑出去你也做不强。文成的茶叶加工困扰很大，做夏秋茶的时候，基本是大众茶，我今年包给别人了，8 月份到期，除了我做夏秋茶之外，蔡永游有时候做一点，陈文中做一点，陈文中其实自己不会做茶，这个也麻烦。文成单单的夏秋茶就没人做，基本上也是做个春茶。

采访者：夏秋茶整个效益不好还是因为大家不重视？

张　平：不是不重视，你做好了有一点点钱赚，做不好了就没钱赚。比如做香茶，你采过来 2 块钱一斤，本钱带到十来块，你搞不好了，你卖的只有十一二块，本钱都回不来。十五六块还有两三块钱在里面。主要是文成的地面茶叶太少，本身形不成市场。松阳为什么农民会做夏秋茶？它有茶叶批发市场，老百姓可以去那里的茶青市场收过来自己去加工一点茶叶，第二天拉到市场去卖。加工起来本钱十块多、十二块，他卖到十七八块有五六块钱赚，就可以了。有时候夏秋茶他们就采，两夫妻过去采，采下来拉去卖掉，三块钱一斤、多少钱一斤，它也可以卖得掉。像我们这边，没人收，农民的茶园荒废掉了，什么东西都荒废掉了。

采访者：您的意思就是说，夏秋茶整个扶持的茶叶体系是没有的，收到的人也没有，造成农民宁愿烂在地里面，也不去采了。

张　平：这也是很大的原因，文成一般散的农户种的都是乌牛早，乌牛早基本上是 5 月初期、中旬到 5 月底都要修剪掉了，修剪掉他就不采了。天气好，乌牛早从头采到尾，有时候十来天采，天气要是暖和了，它的采期就短了，就只有十几二十来天，到后来价格就便宜了，他请别人采要二十来块一斤，他卖出去也只有二十五块，采工还要吃饭，他就不合算。

采访者：就是春茶。

张　平：春茶做好了什么事情都没了。

采访者：您刚才说的就是，文成茶叶里头除了服务不健全的情况，其他的方面，比如采茶的工人是怎么匹配的，像您这个茶园里面采茶工是怎么样的雇佣关系？

张　平：我们采茶工一般是当地的。我为什么要有 18 座的车子在这里？就是早上去接工人用的，特地买个二十几万元的车子放在这里接送。

采访者：是山村里面人口本身不多的原因还是别的原因？

张　平：山村里面人口又不多，当地的平和乡里面茶叶种的多，人呢？本地的人就没了，都要去外地了，都从我那边叫的。那些小户的三个人、五个人叫过去，都是那边叫。

采访者：一般一个工人一天能采多少茶叶？

张　平：他们论斤，茶叶多的话一般 5 斤左右，5 斤、6 斤，会采的人七八斤。

采访者：采一斤香茶多少钱？

张　平：二十几块。

采访者：一百多块一天，论产量。

张　平：你不会采，才 4 斤就八十来块、一百来块，会采就多采一点。

采访者：那些师傅做出来是论品质、论产还是固定长期工的？

张　平：固定的。你跟他说产量的话就完蛋了，做茶的师傅你没有跟他说做产量的。比如说做红茶，早上、中午茶青收过来，放到萎凋的时候，到了晚上收过来放到萎凋的时候，两批批次下来，他是做了上半夜歇下来的，这批萎凋好了之后，他放在那里发酵了。有时候一个人吃不消，我下半夜接过来，他发酵好了，时间到了，我就烘了。最长的时间红茶要二十几个小时，一泡茶出来，论产量怎么做？师傅一般都是论天、论工资的，一年多少钱？

采访者：刚才您也讲了，现在文成的茶叶品质好，但是很难走出去。针对您自己这个企业运行来说，您这边最大的困难是什么？

张　平：就是销售。

采访者：现在作为您自己来说，是种茶跟做茶的人为主，销售是没有专门的团队。

张　平:没有。团队请不起。团队请过来,茶叶卖出去给他也不够。比如说请个团队最起码要两三个人才能给你销得出去,现在单单不是说这个茶叶去销,别人到了外面,别人不公认文成的茶叶好,他们要喝品牌茶,有钱的人要喝品牌。我自己的那些小泡台茶放到上海,还是我自己家的宾馆,我表弟当董事长,后来我有几个宾馆放进去了,还有几个宾馆没放进去。他们股东说,立顿是品牌的,它这个不是品牌。后来他那个茶叶被我拿来一看,发现是安徽的,不是立顿的。他说这个品牌也比你这个硬,文成算什么?别人这样子讲。小泡台几毛钱一包。

采访者:它那个都是茶渣、茶末。

张　平:它是袋泡茶,我是茶叶给他的,也是小包的先做起来。原先是他们用它的,后来被我搞了五六个宾馆过来。还是我自家的宾馆。

采访者:您这个反映出一个普遍的问题,就是文成茶叶虽然说品质好,但是社会对它的认知度还不高,现在是现在几个寡头的垄断。

张　平:你自己也清楚,你在文成喝的这个茶,你觉得还可以,到了温州,你把文成的茶拉到温州给别人,文成有什么好茶?

采访者:他们首先想到泰顺的三杯香,还有乐清雁荡山的毛峰,他们想那个品牌去了。

张　平:雁荡毛峰价格高,有钱的人,温州的人脑子一想,雁荡毛峰,乌牛早就是永嘉的,三杯香就是泰顺的,其实泰顺的三杯香跟我们香茶比,还是我那个好喝。你们在温州也是很清楚,比如说你把文成的茶拿出来,文成有什么好茶?

采访者:品牌不够响。

张　平:我记得就是泰顺的三杯香、雁荡毛峰、永嘉乌牛早,没了,连温州都走不出去,这个品牌还响得起来吗?我们在这里现在说句难听的,我现在也不想再扩大去做了,小打小闹闹一点就行了,一年赚十来万块钱,把茶钱卖一点,一年赚十来万块钱,自己玩玩,下半年玩玩了,不是很爽了吗?

采访者:您后来为什么会想到把茶厂转租给另外一个人来经营,这样对您有什么好处?

张　平:他是去年过来,去年 8 月份过来,后来看到我的茶园那样子,他说放你这里全部加工,我说我不要,要么我整个茶园包给你做,跟你合伙什么的我不搞，一年三十万。我想想一年三十万，本来是包给松阳人，后来他说我们两个本地人，叫包给他。三十万拿到也省力。

采访者：您包给他就是您先收 30 万元的租金，纯收益，种出多少都给他。

张　平：我不管，他自己加工、他自己卖，我也不管。

采访者：设备这些都是您投入的？

张　平：我的设备给他用，用到最后，合同写包五年，我看他今年也包不长，也卖不了多少。

采访者：我在听张总讲他茶叶的故事，因为我最近想做个事情。文成的农业企业家在现实经营过程中遇到些什么困难，我就把他们一个一个叫过来聊聊、谈谈，他们是真正创过业的，知道在创业的过程中遇到的困难，包括政策、资金、品牌方面都有自己的想法。刚才他也讲了他自己转包的情况。

张　平：你们科技特派员派过来直接都在周山了。

采访者：姜老师是属于省特派员，派过来之后就在乡镇对接企业，其他企业也要服务。比如你现在最需要哪个方面科技特派员？

张　平：我那天听他讲，他学的以加工为主，不是种植为主。姜老师的加工可能对名优茶也不是那样子，他对红茶可能也不是那么……

采访者：他以绿茶龙井为主。

张　平：他是龙井为主，名优茶为主，红茶可能……

农科院基本上对红茶了解的很少。前次蔡永游过来，那个老师在那里讲，喝了我们的茶，说你这个茶甘甜，粗是粗了一点，问我们也没有加糖。我本来想问他一下。

采访者：这个就把他问住了。

张　平：他那样子品茶是很简单的，茶叶倒出来，叫他们泡起来倒出来看一下汤色，文成的红茶不管差的、好的，泡出来都是……

采访者：上次我们那个红茶泡起来看看，让张总试试看这个茶行不行。

张　平：这个红茶可能是我的吧。这个袋子一看是我的。他卖给你是 60 块钱一包。

采访者：我觉得挺好，味道挺好。

张　平：这个茶是去年的。

采访者:还有一件事情,现在茶企运行到这一步,刚才讲了品牌不响亮的问题,还有加工人员的问题,还有您自己经营销售的一些问题,这几个方面是最主要的。您想想看,在您企业创办过程中,您最希望政府对您哪几个方面加大扶持,让你们企业能够走得更顺一点。

张　平:这个我也很难说。你说叫政府怎么扶持,加工方面、销售方面政府也是很难帮忙,政府帮你销售是不可能的事情。别的不说了,接下来的是加工,一般叫外面的师傅过来在某个厂里叫你们大家都过去,如果二三十个人过去学,根本学不过去,他们都是走过场的。蔡永游杭州过来的做红茶的师傅在那里,他也是走过场。其实我们去学做红茶,我们在农村老师傅那里做红茶,那老师傅抽烟也会抽,我也会抽,两个人待在那里,茶叶放进去萎凋的时候,没事情,两个人坐在这里喝喝茶、抽抽烟,聊一聊,这个茶到什么程度,这个茶可以了,放出去揉捻的时候怎么样,到烘出来的时候怎么样,他有做茶的时候,我每次上去,两个人坐在那里,一泡茶下来都是二十几个小时,都是一天一夜多一点。你像他们这样子叫过来培训,其实也没什么来头。

真正到做茶的时候,叫大家过来学,又没时间。每家每户的茶采起来都要做起来卖掉。到了这段时间去做茶,那些茶青采过来又不好,做起来又不好看,你根本做不起来。其实像我今年跟师傅两个人去龙泉,茶叶是很粗,就是那天我带到外面给他喝的那个。香气什么都很好,在上面卖,他做起来也是自己卖卖。销路一般都是那样子。你说泰顺也差不多,销路问题都是很大的。泰顺做茶叶那几个也是销路(问题)很大,都很成问题,哪个人出来说我销路很好的?

采访者:还有一个问题,茶叶在生产的过程中、销售过程中,文成也有公共品牌,您觉得这个公共品牌对你们意义大不大?

张　平:别说公共品牌,像我那个都是有机认证的,文成就剩我一家了。有机不有机,大家都是一个样,没有意识到那个地步的话,有机不有机大家都是一样的。文成剩我一家,我本来不想认证的,后来想想先把它保住,文成剩一个了,再不保住就没了。像去年的品质标一样,第一个品质标我那里先拿下来的,文成工商局要报品质标,一直催着省里,省里工商局那边压下来,后来到了省农科院有机茶认证中心那里,那个女的说,你去文成找周山茶叶放有机认证。那一家认证品质标不需要什么手续了,上面的表格一给我填好发下来给我,我盖章发过去，后来搞到了。很累，现在做茶叶也是很累，赚不到钱更累。泰顺的、永嘉的、乐清的，那几个做茶叶的人碰到坐在一起，都说今年越来越难赚钱。

采访者：平阳黄汤也很难存活下去。

张　平：黄汤是搞得有点大了。

采访者：场面铺得太大，那个人是搞房地产还是搞什么赚了钱投进去，他自己是做茶的，他是茶人，他代理、管理什么，他有一定的股份。他在杭州滨江有一个实体店，我还去那里坐过。南塘有一家，他投入非常大，品牌炒起来，黄汤很贵。

张　平：他去年在杭州滨江那里开业，是杭州茶博会的时候，那时候在上面开业。比如我们两个是做房地产的，你的茶园算多少股份合在里面，合进去的话，没赚到钱，一分钱也没分，也是搞死掉，还不如自己采点茶青卖卖，不好了赚10万、5万，现在合到他里面搞得太大了，收不了场，没钱。

采访者：茶企普遍都遇到这个问题，要么品牌实力很强，从别人那里收购过来加工贴牌生产还好一点，像你们纯粹是自己的品牌自己生产、自己加工，经营还是相对比较困难的。

张　平：像我们这样子大的做不起来，我们只能做一点点自己谋求生存，搞一点点钱，一年搞十来万有的。你像黄汤一样搞得那么大，在县城里那样的环境搞起来，跟统战部在那里搞起来，你团队的人要多少？团队的人要不要工资？团队经理级的一年二三十万要不要？那样的人工支出，全部茶叶卖出去给他们团队都不够。我们不想做大，就那样在那里搞一点钱就好。

采访者：文成普遍的茶企都是像您这样的状态。

张　平：都是这样子，泰顺也是这样子。现在泰顺也不敢有人再跳出来的。现在的项目给你70%，其余的自己贴，一年的茶叶赚过来贴进去也不够。比如说你做200万要贴进去60万——60万算好了。

采访者：还有一个问题，现在发展农业，特别是茶叶这一块，像美丽茶园，茶叶旅游观光这个可行不可行？您的茶园也是蛮漂亮的，这个可行不可行？

张　平：旅游观光，这个地都搞不到，还什么旅游观光？我自己中间那块地1.1亩，拍了，文成大峃的土地所一定要你填掉，我用泥土把它填掉了，他过来说，水泥地没打掉，又不行，把我告到法院。今年的文件又下来，实在是农业用地的可以。我们600多亩地，你用地要多少指标，有了。去年硬要给你搞，后来被他告到法院，法院说你这样的小事，又不是拆房子，水泥地就打掉，太可惜了，把它挖出来……

采访者：又要重新浇过。

张　平：搞得我去年晒谷子都不好晒。去年谷子割起来都是晒马路上。我去年割了十几万斤稻谷。

采访者：我问了10个人，9个人说经营困难。接下去对您自己来说，最后一个问题，今后您对自己茶园整个发展方向是怎么样？

张　平：现在按照我的发展思路，这几年肯定是在自保，不发展什么东西，再发展下去的话，可能就要有危险。这个年纪了，人也出不去，外面的生意也不好做，人也不敢出去，这个茶叶做起来也卖不掉放在这里，只有慢慢做，能赚多少算多少，别让它亏进去就行。在今年疫情这样的情况下，你还敢出去吗？今年3月份的时候，有个朋友在河南那边做白茶，他叫我出去，他说跟他做红茶。本来我想开车过去，想想1 300多公里，开车也太累，坐车不敢坐，他说帮他做红茶，做好了以后给你拿100斤回去，我也不要你钱，你做好了自己拿回去，叫他们做几天。后来想想不去，累，跑到河南。靠近广东交界的地方，他们在那边。

采访者：您现在下面的店铺生意怎么样？

张　平：生意一般。现在没什么人。买的人也不多。

采访者：如果是文成整个旅游农产品有伴手礼交易，放进去多少会带掉一点。

张　平：茶叶放到他们那边地方去卖，不好的退还给你。原来特农汇，茶叶放他那里，一年下来卖不掉，到了下半年茶叶退过来，亏本的是我们，这个茶叶就没用了。他们放到架子上面又没保管，一搞不是没用了吗？

采访者：要不然他没成本，销售动力不强。

张　平：他说一年多少卖不起来，叫你出局，还要付工人工资多少，谁放你那里？农科院叫什么的打电话给我，科技局打给我还是哪里打给我的？他说我科技局那里很忙，他叫我的茶叶给他带到温州去评比，到温州去做什么东西，后来我说你要，你过来到我店里谈一下。他说我很忙，要么你送过来。

采访者：应该是农业局的，农业产业评比。

张　平:不是产业评比,是叫原农。

采访者:原农是农业局下面的优农中心。

张　平:是文成黄坦的人,他叫我送过去,我说对不起,送过去就不必要了。

采访者:他们要做好服务工作才行,为农服务,他是要用心用情去做的,不是您的产品给他来烘托他的业绩,应该他所有的做法要想怎么样把您的东西卖出去、怎么样包装好、怎么样宣传,他立足点要是这个东西。

张　平:他们那些搞起来也很难卖,好像百丈漈那个,原来店铺不是很少人进入吗?这个东西也是很难的。

采访者:农业企业我们还要加大针对性的扶持。他们其实也不缺这一点补助,比如说农业局搞的60%补、70%补,你们不缺这个东西。

张　平:就是买设备有百分之几的补助,其余的补助现在是没有了,这个企业不行了你给它补助一下,这个是没有了。

采访者:托底的没有了。

张　平:补助,最起码买张桌子、买张凳子,最起码是这样子,别的就没有另外的补助。原来他们在那里知道的,科技局说这个给你两万、三万做科技项目,这样子搞一下就好了,现在根本不行了,很难搞了。

采访者:我尝过您的茶,我觉得您整个工艺还是比较好,茶的品质比较好,就是缺少一个销售的路径。

张　平:我这两年包装也很少做了,其实包装农业局也有50%补助给你。比如说别人一年都做了十几万包装,我就做了四万、五万。别人说你怎么这么少,茶叶卖不掉呗。包装也不想做了,少做一点,做一点用一点。

采访者:要不然包装做起来也堆在那里。

张　平:堆在那里被工商局打了一下,这些袋子做起来,为什么这里会贴掉?这个标已经贴掉了,这是浙江省著名商标,以前评给你的,不让你打到上面去了。这个袋子一运,2万个起运,一年只卖1 000来个、2 000来个,卖不掉。

访　者:为什么这上面不给您贴?没了吗?取消掉了?

张　平:现在上面规定以前评下来的著名商标什么东西都不让你打到包装上去了。我的包装做起来给它一积压都没用掉了。

第三节　资金可能是压倒企业的最后一根稻草

受访者简介：邱汉春，文成邱氏农业有限公司总经理。他的公司基础设施齐全，有办公服务区及农产品分级处理中心、储存保鲜库、蔬菜包装车间、蔬菜烘干车间储存、冷藏、包装、农残速测等功能设施；生产观光设施有集约化育苗中心、立体无土栽培观光设施等。几年来公司共投入资金 300 多万元，2014 年投入 200 万元新建玻璃温室阳光餐厅 1 200 多平方米及餐厅周边的配套停车场、道路、绿化等。近几年围绕“乡村振兴(美丽乡村)示范带”和“温州西部生态休闲产业带”建设，依托农业推动一、二、三产业农旅融合发展。2017 年邱汉春又投入 100 万元建了庄园游步道、景观台、凉亭等基础设施。至今，“公司＋合作社”已投入资金 2 800 多万元，推进农旅融合发展，目前有餐饮接待农家乐玻璃温室阳光餐厅 1 200 多平方米、农业公共服务中心 960 多平方米。内设农业服务大厅、农资超市、庄稼医院、信用合作部、检测室等、连栋温室大棚蔬菜种植区 50 亩，无土设施蔬菜栽培区 3 840 平方米、集约化育苗中心 1780 平方米、活体有机芽苗菜生产车间 896 平方米，农耕文化展示区 2000 平方米、果蔬采摘区 120 亩。近年来公司被评为温州市菜篮子蔬菜后备基地、文成县蔬菜主导产业示范区、文成县科技示范基地、温州市科普示范基地、文成县农民培训(实训)基地、温州市农民培训实训示范基地、温州职业学院大学生创新创业示范基地、农业部创意农业重点实验室浙江省农业科学院文成基地、是温州市现代农业园蔬菜示范区、2019 年创建温州市阳光农场。企业获得的荣誉证书有国家级优秀蔬菜生产商、国家级首批农民专业合作社示范社、浙江省示范性农民专业合作社、浙江省农业科技企业、浙江省扶贫农业专业合作社、文成县优秀农业龙头企业。注册商标“邱老汉”牌商标先后被评为浙江省著名商标、温州市名牌产品。

采访者：文成的农业企业、小微农业创客，在整个创业过程中遇到的一些情况、一些困难，科技人才怎么介入以及政府怎么扶持，我想了解一下你们在运行过程中的一些现实情况，特别是你们这边已经有一定的基础，做得也蛮不错的农业企业，进行一个访谈。这里有几个问题我想了解一下。第一个，因为您做农业企业也很多年了，您以前是做什么的？为什么切入到农业企业里面去？

邱汉春：我们是2002年开始做农业，我以前基本上都在外地。那个时候在河南、北方那边基本上很多是种水果的，一开始我是种水果，种杨梅，2002年我把村里荒山包过来种杨梅。那时候脑子里面想，种水果卖的价格也是很高的，比水稻肯定好得多，当时我就把村里的一些山包过来开始种杨梅。像农作物这些东西，价格高的时候想想肯定有钱赚，像杨梅卖个10块钱一斤，一棵树的杨梅随便摘摘就有100斤，赚1 000多块钱，很有赚头，每个人都是这么想。我从那个时候开始，对农业非常感兴趣，所以我就开始做农业。2002年开始包过来，把杨梅种下去，杨梅到采收最起码要六七年，后来我一直在管理，到了2005年的时候，正好是我当湖底村的主任，我整整当了九年。在2005年的时候，我把村里的人带动起来，那个时候种蔬菜的很少，后来就开始种盘菜、油冬菜、茄子这些东西，后来我们拉到温州市场去做批发。我自己直接去拉，收购过来，后来种的人跟上来很多了，基本上效益也还是有的，但是农户他们把自己的工夫算进去，他不算工资的钱，只是我一年有多少收入就行了，除了成本，一年搞个两三万很容易。但是种水稻种不了这么多钱，所以种蔬菜这一块比种水稻效益高一点，后来就一大片，基本上种蔬菜就变成规模化了，面积也越来越多了，种毛豆、辣椒、茄子、黄瓜这些东西。

后来把外地的一些客户引进来收购。以前都是我们自己这边的人，我也在温州市场卖，后来大家都跟起来，就自己拉出去。大概是2008年之后，2010年的时候，外地的收购商就进来了，包括宁波、上海、福建这边的，我们这边整个蔬菜产业到现在为止还算有知名度了。最远的是在宁波有客户，在小坑边那里，它一天要1万多斤，整个南田、二源、百丈漈三个镇算起来收购商总共20多个，一天拉出去最起码达到50多吨。总的来说还算可以，但是按照我们企业来说，因为我们企业要请别人种，除掉工资、成本这些，我们不怎么赚钱。为什么我们不赚钱但农户会赚钱？因为农户卖出去就是自己的工资，但是我们要付给别人，所以对于我们农业企业来说是不赚钱的，还是亏的。如果市场稍微好一点，基本上会保个本。

像今年的辣椒，如果不出现烂果的情况，今年辣椒也可以。现在辣椒越来越贵，收购价到2块了，一株辣椒随便采采四五斤左右不成问题，那也有十来块了，一亩地随便算个 1 500 株辣椒,一株算 8 块,也有 1 万多了,除掉成本,七八千块还是有的。碰到病虫害或者自然灾害,收益就会不行。像今年的玉米,去年这个时候的玉米最高价格收到 2 块 3,我今天卖 1 块 3 还卖不掉,后来给客户 1 块 2,他肯定也要赚钱,他不赚钱就不拿你的东西卖,他要销出去。对我来说,我现在只想找什么办法把它转型升级,什么新的品种、销路要好一点的东西,有些东西把它更新一下。特别是像辣椒,品种的关系很大,虽然是种辣椒,但是有些辣椒种出来就卖不掉,有些价格就卖得高。像我今年引种的是润辣 007 的长线椒,今年这个辣椒非常好卖。市场上面哪个品种好卖不确定,有时候有些品种你种不好的话,导致农户会亏本,品种更新很重要。这一块就需要科技人员帮我们找新品种,我们要先做试验。比如说辣椒,我们到市场里面找到更好的品种,筛选给农户住,我们要提前做试验。因为这个品种每年要更新,像茄子也一样,有些品种很好我们农户还不知道,我们先做试验,试验出来可行的话我们再推广给农户,农户就赚钱了,就带动农户了,品种这个东西很重要。

采访者:刚才了解过来,您这个企业规模大概有多少员工?

邱汉春:6 个女工,7 个男工,一共 13 人,种植,包括采收这一块,13 个人。

采访者:人是不多的。您这个企业跟农户之间的关系是怎么样的?您提供种子、技术,他们做代收、代销,是这样的模式吗?还是怎么样?

邱汉春:我们之前是有这个模式,我们这边已经形成了一个产业化的种植,收购商也很多了,这些东西不需要我去完成了,因为有这个团队,自然形成一个市场,收购商进来已经很多了,我们不去找他,他们已经找我们了。他们过来也不是找我,他们每年过来,每个客户商现在都是外地的,包括江西的,湖南的,他们在温州市场里面,或者平阳的、苍南的、台州这边的客货商,他们自然会找到我们这边来,他们自己会来收购。

采访者:他直接对接农户?

邱汉春:不是直接对接农户。就是我们所说的经纪人,帮他们代收的一个农户就行了。比如交通方便一点,前面场地稍微宽敞一点的地方,农户挑过来的东西要有地方摆,有地方分集就行了。

采访者:当地的经纪人。

邱汉春:当地的经纪代理人就可以了。你帮我代收,一斤辣椒给你一毛钱、一毛五、五分钱的工资钱，你帮我代收好，整好、包装、装车，就行了，现在都是这样子了。

采访者：您跟农户是什么样的模式？

邱汉春：我们只是农资提供，我们想到的服务就是，我们尽量找到更好的农药、更好的生产资料、更好的种子，就可以了。农户种出来的东西好，不怕卖不掉。

采访者：相当于是定位到产业服务的这一块，包括农资、农机、农具这一块的服务，包括好的品种您要先提供给他，他来种，种好之后，当中的管理由您提供些技术、农药、农资，最后收购的时候有专门的外商代理人把它收走。

邱汉春：我们这边市场已经有这么一批人了，大概有四五十人在这里。我们二源的有好几个点，驮田的、湖底的、三源的，一条路线上去已经加起来有四五十个人。

采访者：这些收购的代理人一般一年大概有多少收益？

邱汉春：如果好的话，一年赚个 10 万、20 万不成问题。他要找到联系的农户，东西要好，提前要打电话预约。我帮你收辣椒，我要找到种辣椒的农户、种茄子的农户，你明天辣椒送给我，我要先预约好，估计这个产量明天要 1 万斤的，客户商过来不可能拉空货车回去，跟客户要对接好，他是做这一块工作的。

采访者：这个我大概已经了解。您自己做好农资、农肥的农业服务之外，我知道您这里有很多自己租过来的田地，自己盖了大棚，这个是怎么样进行生产或者进行服务的？这一块还是我们自己内部的基地，我们的基地其实起示范作用，比方说新品种研究，我们很多品种引进来自己要先试种，试种好才能卖出去，要不然每个新品种引进来一下子就推给农户的话，万一不好呢？责任非常重，所以不敢卖出去。

采访者：现在就是大棚跟您所流转过来的土地，一直自己生产。

邱汉春：有一部分我们也是在种这些东西。

采访者：另外一部分就是新品种的试验，试验好的再推广，这个是对的。您在这里实施新品种、新技术、新模式推广的时候，我们有特派员、农机人员在对接，我们这里的特派员或者叫导师跟你们企业，再安排一个项目，进行试验的这种模式，您觉得还有哪些可以补充的或者哪些地方有优势、可以进一步发挥的？

邱汉春:目前最困难的是什么?现在我们也有解决不了的问题。像前段时间水稻的稻瘟病,防不了,治不了,可以说是整个浙江省都防不了。后来南田、二源、百丈漈这三个镇所有的水稻根本防不住,我们基本上用的是进口药,也治不了。很多农户平时只要一包药就可以了,今年基本上加量加下去,一样药打不死,加两样药打进去,量加大,目前已经控下去了,但是农户的成本加了很多。平时应该只打一次,现在打了三次了。这种情况下,我们没有办法,农户打了药问起来,意思是说你们是不是卖假药了,农药是不是假的?怎么都打不死?

采访者:科技人员先要把病害发现出来,是什么病,然后对症下药。

邱汉春:对。对症下药是不错。像卷叶螟,基本上我们配出去的药也是对症的,但是今年的虫子抗药性很强,其实不是农药的问题,是虫抗性,虫子厉害了,没办法,很多农药都杀不死。后来我联系了几个厂家,我这里出现这个问题到底是怎么回事?我也了解了,包括农业局,他给你提醒一下,用某某药也许效果会好一点,也不能说确认百分之百能治掉,也只能是这个意思。现在很多厂家也在做试验,他们自己厂家也在做试验,我的药能打死,我的药市场就好了。包括卷叶螟,他们效果好一点,我们再把这个药往上面推。

采访者:刚才您讲的是科技人员技术性的服务。其他的,科技人员在您这里蹲点之后对您还有哪些方面可以提供帮助?

邱汉春:主要体现在技术性的东西,还有一个是新品种推广种植的一些,毕竟新品种过来,种法也不一样,这些东西需要指导,要不然我们也是凭着感觉,在百度里面查找一下怎么种。

采访者:还有一个,了解情况过来,您在运行这个盘子的过程中,前些年可能资金的问题(导致)存在一些困难,从您原先卖邱老汉高山蔬菜,到现在的园区,到现在农资、农肥的供给,在整个过程中,您觉得办企业过程中最困难的是在哪里?最大的误区在哪里?

邱汉春:农资这一块,归根到底还是资金,这个变不了。像我们整个运营成本已经超过200万元,包括肥料,还有农资。说句实在话,如果在资金充足的情况下,所有的农资生产厂家有个冬存的优惠政策,如果有资金运转的话,冬天就把这些东西存下来了,可以节约很多成本,我们企业也可以增加一些利润,对农户也降低成本,我们企业利润也会高一点,这一块资金我们是根本无法贴进去的,本身我们企业一年经营下去还有一部分农户是占有一部分资金的,我们随便弄弄一年一百多万元出去,包括资金要运转,那里又要200多万元,加下来运转资金要300多万元。如果资金充足的话,像这些药我提前就进过来了,也不会耽误病虫害防治。打个比方,像这次卷叶螟打不死,我马上要把新产品调进来,把这些药更新掉,对农户也会降低损失,运转要快。资金断了,资金运转不动了,我怎么弄?就会发生一些意想不到的事情。

采访者:资金链是企业生存的血脉,血液没有了,就会死掉了。在整个过程中,政府和科技部门、院校跟您对接也蛮多的。在您看来,目前现有的政策下,您觉得哪些政策比较好?哪些政策要改?还需要一些什么政策对你们提供帮助?

邱汉春:目前对我来说还是比较满足,但是有一块,刚才所说的资金担保的事情,政府还要出台政策,因为我们贷款抵押物做不了,像我们企业里面固定资产是有的,但是拿到银行还是拿不出来。政府出面,以地上建筑物、大棚这些东西可以做抵押,如果有这种政策出来的话,我们企业就省力了,就不用担保。像我们这里,整个资产评估一下,企业有2 000万的,给我贷个1 000万,我们就省力多了。政府现在做是在做这块东西,但是最终到我们企业上面,银行是这样,政府跟它对接,让企业做贷款,他过来看了,你这些东西不值钱,抵押不了,最后还是拜拜。

采访者:因为要从它的风险防控的角度来看,政府是从支农、扶农的角度来看,两个利益是存在差别的,立足点也不一样。这块地方可能也是需要向政府呼吁的,要怎么样的抵押、怎么样的途径能够让你们有获得更加低廉的贴息贷款或者什么样子的形式。

邱汉春:贴息贷款目前像我们企业都没有。原来是就业管理处,他们想给我们贴息,就业管理处说是有补贴,给我们补掉一部分,到最后我贷款还掉都两三年了,到现在也没兑现。去年我打电话给他,他说要转到农商行,后来又没音讯了,到现在政府补贴利息我还没有拿到。

采访者:现在是这样,现在对于科技型企业保证保险贷款温州市已经开展了,市科技系统已经开展,但是县里没开展,业务量少,县里的银行审批权都在市里,推不起来,这是一个。还有一个,我们可以探讨一下农业设施的抵押贷款,以及冬季收藏过来的库存产品,是不是可以作为抵押,这个东西都可以。

采访者:这是评估的问题。

邱汉春:没有了。

采访者:原来工业企业有这方面,工业企业库存产品可以作为一部分抵押,因为您进货进过来,但是您卖出去也要把这个钱还掉,像这类我们是不是可以考虑。企业融资难,他这个是有惠农的企业,对农户的赊账其实就是惠农,您平时农资的储存,包括其他也好,都是一样的,都是有储存的过程,像这些政策应该要支持。

邱汉春:原来农行那边有做这一块的,我们做农资的,它也是跟信用贷款差不多,很像,在平阳那边有实施,我们文成没有。农行,像上次温州农业局的农经处,他们也给我们对接了农行,后来文成农行我自己去办了,办不了,再后来是从市里推下来,温州农业经管处直接找温州农行,温州农行后来电话打到文成,文成当天直接到我这里来,动作很快。最后过来说你企业办不了,我也不知道他说什么情况,企业为什么办不了?他说你找你们股东过来贷,一个人给贷 30 万元,五个股东也有 150 万元,但是我的股东是什么?我现在的股东是我妹妹、我弟弟、我妹夫,不可能全部贷,你又办不了。我儿子刚大学毕业回来,我把户口分开,他也单独一个户头。我儿子是因为我合作社里面的贷款有他签字,签字签了又不行。

采访者:他本来是给您企业贷的,企业没有抵押物,他想把你们股东搞成信用贷。

邱汉春:想这样子。到最后叫我以我妹妹的名字去贷了 30 万元。我自己以前有贷 30 万元的。我说你们农行给我越贷越少,有时候他们农行为了做业务,业务员会打电话给我,说农行有这种信用贷,你过来看看,需不需要?我说你们农行看不起我们做农业的。当时我就这么回答。原来贷 30 万现在只给我 10 万元,我就这么说他,他说不会。温州鹿城农商行,我 2016 年的时候去贷了 50 万元,当时温州市供销社里面有个兴合核保公司,他们担保的。我贷了两年,每年 50 万元,到了第三年的时候,他说你们股东好像出问题了,不给你了。不给我就不给我呗,后来我就没拿,后来也退掉了。股东是什么?我有个弟弟犯了错误,就是吸毒被抓进去了。第二个弟弟,我已经把股东退出来了。现在信用社想给我增加额度,它现在还没做好。

采访者:您这里最大的问题就是企业在整个运行过程中资金链是最大的困难。

邱汉春:对,是最大的困难。

采访者:您想通过盘活现有的资产,把资产作为抵押或者是以什么样的形式能够把现在的盘子运行起来。您这里有好多支农、惠农的,您惠农了很多周边的农户,他有赊账的情况,囤货、储运这一块,您都已经弄起来了,在政府这一块,采用变现或者贴息的方法,把资金流流起来。

邱汉春:这一块文成是有在做,在农业局那里。上次池局打电话给我,跟我说了一下,只是了解个情况,问我这里仓库有多大。当时我说了,我仓库最起码几千吨没问题,因为我那仓库比较大,三个大棚。农资储存这笔资金可以贴息。有这个项目出来,但是现在还没落实,我也搞不清楚怎么样。

采访者:从您整个园区运行来看,政府在资金上给你的补助还欠缺一点,在农资的配备一些条件、政策实施上,这些方面有没有遇到困难?您这个肯定是要资质的,卖农资、农药要资质,这一块给你们限制或者怎么样?

邱汉春:这里是没有的。像我们现在合作社想进一步发展。像我们现在发展的方向就是把农旅融合这一块稍微提升一下,包括餐饮这一块,下个月就开业了,重新恢复起来了。还有一个是住宿我想弄起来,但是那个地有一块以我个人名义的,已经有 400 平方批下来了,但是那一块我一直说有点矛盾,不想建,因为我占用的指标是我们四个姐妹的,这个指标用掉的话,因为我放在这里当住宿接待用,我们四姐妹自己住的房子就有困难了。

采访者:就是宅基地。

邱汉春:对,我就没动,还放在这里。那个指标已经下来,当时申报的时候只能以我个人名义往上申报,报下来,我们想以四姐妹的名义把那个地拿个 400 平方米去建起来,这两天已经下来了,现在建不建还在考虑,拿不下主意来,一直在想,就在后面山上那里,有 400 平方米。这一块如果是建,这里又需要资金投进去。这里随便投一下,我估计要 500 万元,包括一些房间装修,弄个二三十个房间。

采访者:我刚才看了您讲的这块,针对您自己这个企业,今后想在哪几个方向再做大、做发展?

邱汉春:我是这样想的,其实农业对我来说是没什么大兴趣,给我的感觉是越来越差,我现在想提升的是什么?还是给农户种,我做销售,我来做销售、品牌这一块。我上次在农业局那里报了一个项目,品牌宣传,做直营店这一块。第一个店,文成总店,我稍微做精点,因为现在我儿子在那里管,很多人看到我那边,说现在漂亮了、干净了,给人家好的感觉。第二个,我想在温州娄桥市场里面开一个店。可能今后对农业还是有点帮助。

但是做这一块我怎么想?我在温州楼桥市场里面开个店,不是普通的店,我们要做精品店,但是这个蔬菜我们都是做精品,一些稀有的蔬菜。打个比方,像芦笋,种当地的本地南瓜,现在市场还很畅销,做这些东西,我们在温州市场里面专门卖精品,固定一个摊位、一个店,在那里也有冷库什么东西建起来,然后再卖给温州周边的排档、酒店,卖到高档消费的企业里面去,卖给他们。我每年需要这些量,我给农户种,你今年把芦笋种一亩地,我帮你报销掉。比方说,南田这些东西种不起来,我可以放泰顺去种,可以放瑞安去种,只要有这个产品就行。是不是可行我不知道,我一直在想。

采访者:以后还是做销售端,因为"邱老汉"的品牌已经有一定的影响力了,在娄桥市场上有一定的摊面铺开来,对接一些酒店、高端场所,您这个还是可行的。除了这个之外,您整个园区现在面积这么大,有 1 000 多亩,还有一些什么打算?

邱汉春:我到时候还是要包给农户种。现在常年蔬菜基地,我们县里农业局出台了一个政策,每亩补 500 块钱,这 500 块钱拿过来我租金能还掉,租金还掉我给农户种,这个地我包过来,我直接给农户种。你们几个农户拼起来,我这块地包给你们几个,全部给你们种,不能种水稻,只能种蔬菜,租金我来补贴,租金我不要你的,你来种,我只管全部给你种,你给我种好就行了,但是我能帮你销售,有些普通的东西市场收购商也很多,到时候需要我们销售的帮你销售掉。我想这么种,给农户种,我自己缩小生产规模,集中一下,做精。我就这么一块 100 亩地就够了,专门种产品做试验的推广,东西做好之后再给农户种。我是这样想,不知道是不是可行。

采访者:这样定位就比较精准了。因为您的强项并不是说要把这 1 000 多亩地全部自己种了,这个不现实。

邱汉春:不现实,我现在也亏。

采访者:因为科技人员跟您这里对接比较多,包括你这些棚,作为众创空间一样把它切割起来,有些作为科研试验地,有些做展示展销的地,有些又包给农户,让农户来进行主体性的生产,生产好的可以收过来,他自己也可以卖给别人,这个我觉得是相对可行的。

邱汉春:上次我这样说,那边有几个农户说可以,明年你这边 100 亩地全部给我,我们几个人拼起来,可以帮你种掉。因为常年蔬菜基地,常年种蔬菜,可以,今年种蔬菜,明年还种蔬菜,后来种水稻另外打算,明年就包给种水稻的大户,我给他弄,我就可以了。

采访者:轮作也可以弄起来。

邱汉春:轮作也可以弄起来。今年包这个基地,明年到这里来做,这边种水稻了,你们到那边去种,我就把整个地轮作运转起来了。我是这样想,我们就不用找那么多工人,直接把这块地做精一点就可以了。

采访者:我知道您这里有很多种子种苗,现在育种这一块有开展些什么业务?

邱汉春:这个大棚条件不是很好,像现在高温的时候,容易干死,还要懂技术的人在里面管,要不然的话真的管不起来。还有里面的降温设施,大棚里面必须要有经常去维修的人,每个大棚最起码要有一个管理人员在里面,要不然管不住,这个还是有些难度。

采访者:您现在整个运行情况还是相对比较好,也是县里面重点扶持的农业企业。刚才听过来,一个是侧重于销售端,把品种做起来,第二个,您这里要做农资、农肥。

邱汉春:种植的模式改善。

采访者:第三个是种植模式的改善。不是您自己种了,发动农户去做。现在发动农户去做,您跟农户合作的利益这一块,有没有特别的模式?订单销售或者订单收购,这样有没有?

邱汉春:如果集中给农户种的话,农户其实也很乐意,我地租过来给他白种,还是有人种。

采访者:种子是您免费提供还是让他们买?

邱汉春：让他们买。像我们毕竟是一个企业，利益肯定要做些考虑，我们不能纯亏，最起码要平衡。农户基本上还能接受。

采访者：还有最后一个问题，如果县里面、市里面要开展农民的培训这方面，您觉得哪几个方面应该更加加强？

邱汉春：农户目前基本上还是以种植技术为主，其他的基本上还没什么大问题，主要是这一块。

第四节　品牌优势可以统筹多元农产品加工生产

受访者简介：金宪伍，浙江山哥哥农业开发有限公司总经理，公司创建于2001年，是集种植、加工、销售、开发为一体的农产品加工企业。公司立足于文成县的良好生态环境和丰富的资源优势。主要产品有“山哥哥”牌文成粉丝、山茶油、大米等。企业下设文成县大山农产品研究所、文成县农产品展示销售中心。产品质量安全通过认证，“南田”商标被认定为温州知名商标，是温州市农业龙头企业和粮油应急加工基地。企业坚持以科学发展观为指导，从山区实际出发，产品由于质优、价廉，深受广大消费者青睐。公司还建有文成山哥哥产业园区，项目总投资5 000万元，总用地面积12亩，总建筑面积13 500平方米，其中办公楼建筑面积5 000平方米，标准厂房、仓储中心共计7 500平方米。该项目于2011年10月开工，2013年6月建成投用。产业园涵盖两大园区功能：文成县绿云电子商务产业园、文成县山哥哥科技孵化创业园。2014年6月创办文成县绿云电子商务产业园。园区内设有园区服务中心、公共办公区、多功能会务厅、展示大厅、商务休闲区、培训机构、图书阅览区、特色食堂、职工活动中心等硬件设施，服务功能完善。并为企业提供创业辅导、投融资、信息咨询、人才培训服务。园区结合区域产业、商业，以吸引待孵化电商、农业企业入驻、带动点上企业发展为主要目标，加速形成网络经济与传统产业融合发展格局，打造一个创新型、智慧型、生态型的产业园。从产业园成立至今，入驻孵化企业超过42家，已毕业迁出16家。目前园区在驻企业35家，产业园年均产值达到2亿元以上。农业企业种植基地解决农村劳动力500余人，并荣获2016年“浙江省电子商务创业创新园区”。

采访者:金总,跟你们这些有办企业经验的、创业经验的聊一下,到底我们政府要在哪几个方面对你们提供特别的扶持、特别的支持。我的访谈可能包含几个方面:第一,我想聊一下您作为一个创业者,特别是农业企业创办者,创办了“山哥哥”这个品牌。在整个创业过程中,您是怎样一步一步走到现在这么大的产业的,这个想了解一下。

金宪武:我们当时也是小打小闹开始的,当时也不觉得农产品哪一个好或者该怎么做。我们开始做文成粉丝,后来做做,觉得我们本地山茶油资源很丰富,后来就把山茶油这个产品发展起来,一直这样做。

采访者:您在做农业之前主要是从事什么工作的?

金宪武:也就在农村。

采访者:我那天听郑璐说你以前种过仙人掌。

金宪武:对。

采访者:是什么情况让您种仙人掌?后来为什么又不种了?

金宪武:当时自己在农村也想做一点本地的农产品,跟农业方面有关的,当时仙人掌在电视、平时媒体宣传,觉得这个前景很好,后来种,觉得仙人掌不适合文成地理位置和环境,后来文成粉丝很有名,文成山地多,番薯很多,平时农村的番薯粉丝在当地也小有知名度的。

采访者:您切入到做文成粉丝的时候,是自己直接办厂还是拉人合伙一起去做这件事情呢?

金宪武:文成每家每户这个技术都比较成熟,用自己的品牌在农村代加工。

采访者:刚开始是您自己先有品牌吗?

金宪武:也不是说自己有品牌,当时农村都是很散的,整个运到外面去都不好走,后来自己成立一个公司,注册了商标,把它统一起来,卖到外面去客户也喜欢,当时出口量比较大,出口海关好走,从这样开始的。

采访者:当时你们取的粉丝品牌是叫什么?

金宪武:我们自己的品牌就是“山哥哥”,后来我们觉得这个“山哥哥”跟我们文成粉丝相比,文成粉丝名字叫得更响,我们就向国家商标局申请证明商标,就是地理保护产品,2006 年的时候开始申请,后来 2008 年批下来。

采访者:我听说您在做文成粉丝的时候前期也做过文成的大米。大米在粉丝之前还是之后?

金宪武:同时。

采访者:为什么做大米?

金宪武:平时农村文成主要是番薯,周边都没有大米加工厂,这样开始做大米。还有一个,文成的红米很有名,我们就把这个小品种包装起来。大米赚了点钱。

采访者:您的切入点一个就是文成的地域特色,您说番薯多,番薯粉丝有基础。您刚才说种大米的时候又切入红米,也是文成特色,小而精的东西,就开始做。做两个项目的时候,您的技术储备当时是充足还是不充足的?

金宪武:这个应该都是比较简单的,传统型的,大米、文成粉丝都是传统型的。

采访者:您做出来之后是怎样打开第一步销路的?

金宪武:当时我们从城里走,开始在温州,温州那边也很喜欢文成的红米,也是传统产品。文成粉丝,在海外华侨很多,平时都把文成粉丝运到意大利、荷兰去卖。我当时也得到这个信息,后来我们自己就参加德国科隆农展会,把文成粉丝带出去,在那边华侨也很喜欢,也很高兴,觉得我们自己文成的产品在科隆农博会上展出,那些华侨过来也非常热情。

采访者:您也同时利用了文成华侨的资源。

金宪武:对。

采访者:华侨在欧洲的人口量都很大,他们让文成粉丝走到了国外。在您做文成粉丝的时候,我看您也在慢慢转型,后来也介入了山茶油。"山哥哥"品牌,我们认识的时候还主要是以山茶油这个产品来打响,后来又怎么切换到山茶油去的?

金宪武:文成山茶油资源也是很丰富的,60 年代、70 年代浙江省的浙南油库,就包括文成,当时市场上对山茶油的需求已经慢慢有苗头了,价格也贵,大家很喜欢,觉得这个是好东西。后来我们觉得文成有资源,我们自己去做,有优势,就这样慢慢做起来。山茶油生产的技术含量各方面跟以前大米、文成粉丝完全不一样,这个要生产许可,要跟其他大企业竞争,需要自己的厂房、标准、设备,后来就投了大量的资金，一直在研究山茶油的事情，去年这个生产许可证拿到了，现在自己生产，目前情况还可以。

采访者：之前山茶油在我们这边许可还没有下来之前，您的山茶油主要是进行怎样的产业链资源整合，把山茶油做得这么火？

金宪武：当时我们就是把文成本地的山茶籽收过来放到衢州那边加工，衢州那边的技术比较成熟，他们一直以来就没有间断过，一直种植、加工、生产、销售，那边技术比较成熟，那边牌子说实话也比我们"山哥哥"的牌子要好，所以我放那边加工比较放心。

采访者：后来回来之后，我看您山茶油是做得比较大。当时"山哥哥"山茶油主要销售的途径是怎样的？

金宪武：当时在本地、温州、上海，当时整个温州市区内只有我一家在做，做得很好，像上海青浦区那边，也卖得很好。说实话，其实做贸易是最轻松的，当时在那边贴牌，销量多少，那边加工多少，定制，很轻松，赚钱也多，后来大家都在贴牌，都在做本地的品牌，所以我觉得自己一定要加工生产才有竞争力，就投了资金。

采访者：也就是说您前期是贴牌生产，生产过程中因为竞争压力的增加，您也想做自己的核心竞争力，所以回来自己建厂房、投设备、做生产。我发现您有好几个厂房，现在"山哥哥"产业园所在的地方，你当时是处于什么样的目的建成目前有 2 万多平方米的一个产区呢？

金宪武：是 1 万多平方米，厂房占地 12 亩，生产厂房 1 300 多平方米。当时我们觉得如果做食品，一定要有自己规范的厂房、标准的设备，才能取得市场的信任和客户的信任，所以投了大量的资金。

采访者：后来厂房建设之后，我们也有进驻，我看您厂房里面也分割了很多的功能区，包括现在产业园区、创业园区、电商园区都在里面，是什么原因让您从纯传统的二产加工到现在生产和服务的结合，包括园区的孵化、其他配套设施的提供，是什么原因促使您做这块工作的？

金宪武：当时我们做农产品，从小加工到现在形成一定的规模，我觉得我们县政府跟你们老师真的是很好，做农业很辛苦，我觉得特别是创客空间孵化器，真的很好。很多年轻人刚创业，他们一下子没有这么多的技术，也没有这么多的资金,我们政府出技术,让他们少走弯路。像当时我们有些设备买过来不适合要转、要换,现在有些技术难题直接请教你们老师,你们老师可以根据各种技术帮他们解决,这个真的很好。

采访者:我们现在“山哥哥”产业园里面蛮丰富的,看您做茶油,也做粉丝,包括现在园区也在经营。现在整个产业板块来说,主要是哪几块给您带来比较大的利润?

金宪武:自己生产加工,接下来逐步要规范。像文成粉丝,接下来在10月份之前准备取得生产证书,还有大米,也要把它完善起来,生产许可证书要拿过来,像文成红米要把它做起来。还有一个是糙米,城市人喜欢糙米和胚芽米。接下来我们慢慢也要从实体方面入手。

采访者:还是要自己产业化实体的项目。

金宪武:自己比较熟悉的产业,这样比较放心。

采访者:在您整个创业中也有跌宕起伏,你觉得创业中面临的最大困难是什么?资金,这方面主要是有哪几个投资项目?

金宪武:我们最大的困难是企业投资建厂房、买设备,最主要是资金的利息。这几年利息是我们目前自己公司最大的一个负担,其他应该还是比较顺利的。

采访者:您的负债率是比较高的,是什么原因造成负债率相对比较高呢?

金宪武:投资大,像我们园区投资投了3 000多万元,应该还算可以,这二十来年的积累,我们现在负债在50%~60%左右。

采访者:在整个园区建设和你自己做实体的创业过程中,您觉得哪些品质对一个创业者是特别需要的?

金宪武:这个真的很难说。坚持最重要,要有恒心。像我们做农产品,我们感觉农产品是可以做的,应该也是有前途的,这几年来都是以这样的心态一直走过来。我们觉得文成做农产品是很适合的,山清水秀,农产品方面的条件应该是很优越的,县政府、市政府都比较重视。

采访者:您主要的看法是你认定了这个方向要有持之以恒的坚守,把这个项目做起来。除了这个之外,您觉得作为创业者,在进入一个行业去创业的时候,除了对这个行业本身的了解之外,你觉得有没有其他地方对他创业成功特别有帮助或者特别需要的,如果不具备这个条件的话他可能就不适合创业,有没有这样特别的经历？

金宪武：应该说在加工过程中的技术方面也是很重要的。你想产品做得比人家好，成本降下来，就需要各方面的技术支撑，这个很重要。

采访者：本身的技术储备。还有一个，金总，我知道政府对您这边还是扶持蛮多的，您能不能简单给我们介绍一下政府在整个生产发展到现在主要扮演了一个什么样的角色？

金宪武：政府这几年对我们农业企业的确关心。像当时有些特扶项目，特别是山茶油的项目，在设备上面都给我们配套。

采访者：整个特扶项目里面主要是怎样的政策支持？

金宪武：设备配套。

采访者：您是投了多少还是配了多少？

金宪武：它有标准，配套是在 40％～60％之间，这样就真正减轻了我们企业很大的一个负担。

采访者：在园区方面，我看县政府也是支持蛮大的，他们主要是从哪几个方面对您这里进行顶层设计、顶层的帮扶？

金宪武：当时我们园区楼下一层、两层做厂房，楼上有办公室，有富余的腾出来，县政府给他们入驻企业租金补贴。

采访者：当时做了电商园，对不对？

金宪武：是。

采访者：还有其他的吗？

金宪武：其他的我觉得平时也比较关照，有困难真的提出来基本上得到解决，也很感谢。

采访者：我也知道像您这里园区，包括这里研究院也有进驻，包括其他一些团队、老师，跟你一起申报了省里的重大专项。您觉得我们目前在实施的“导师＋企业＋项目”这种方式有哪些地方可取、哪些地方需要改进？

金宪武：我觉得这个就很好，像糯米山药现在在文成大面积种植，农民也觉得有效益，种起来后续的加工把它销售出去，现在老师把它做鲜切，可以保存，（延长）保质期，接下来像温州，去灵溪的供销社，现在瓯越先锋的营销品牌放在他那里，他们也觉得很高兴，也准备把文成的糯米山药作为供销社主要的产品，帮我们推。

采访者:在整个运行的过程中,我们目前来看,您这个企业还是比较成功的,从整个物理空间、资产来看,比文成其他的农场或者企业主经营的要相对成功很多,看得到、摸得着的一些资产已经是摆在这里了。在整个过程中,你觉得我们县委、县政府或者高校院所,在这个过程中,哪些地方还需要我们进一步的支持?

金宪武:按我们企业来讲,一个是我们资金利息方面的负担比较重,还有一个是技术方面,如果有什么困难科研院所能帮我们解决,真的也很好。目前的困难就是利息负担。

采访者:您这边主要还是因为负债的原因,利息付出比较沉重。

金宪武:对。

采访者:目前来说,您这个园区后来做了一个众创空间之类的切割出租之后,基本上现在目前已经持平了。这一块的话,以后针对园区的发展,您有怎么样的设想?

金宪武:我们要靠自己的产品,立足市场来解决我们企业自身的问题。

采访者:打个比方,文成的山茶油,您想怎么样把山茶油再做得更好一点?

金宪武:现在山茶油作为食用油应该说是比较受欢迎的产品。我们现在就想把这个山茶油加工提炼,作为一种高端的产品推向市场,或者是把产业链做长一点。我们目前有个想法就是,我们用山茶籽压榨以后的枯柄提取茶皂素做洗手液跟洗发水,这个利润空间等各方面会好一点。

采访者:综合利用的效率会提高。除此之外,您觉得山茶油在延长加工链、附加值提高之外,哪些地方今后还特别想发力做一把的?

金宪武:如果产品做得好一定要跟科研院所对接,在品质各方面一定要比人家强、比人家好。

采访者:您提到跟科研院所的合作,您觉得怎样跟科研院所合作是最合适的?

金宪武:科研院所,一个是技术方面想办法帮我们解决,在创牌过程中如果协助我们一起做是最好的。

采访者:生产过程中最好有个科研院所科技成果在您这里转化。这样也是相对比较常规的一种做法。我现在还有一个想法,您刚才讲了,一个是资金,一个是技术。比如说您现在想把你手头的园区和农产品做得更加强大，您最想我们县委、县政府在哪几个方面再对你们进行培育或者支持的？

金宪武：资金我们自己都可以解决，但是资金利息是我们目前企业的主要负担。资金链、资金流我们企业应该还是比较顺的，就是利息负担压力较大。还有一个，我们希望县政府对我们产品品牌各方面的宣传力度上加以支持。

采访者：这也是一个很重要的方面。作为过来人，您创业有没有 30 年？

金宪武：应该 20 多年了，公司是 2001 年成立的。

采访者：作为一个过来人，对这些新进入农业行业的创业者，您可以给他们提一些什么建议让他们少弯路吗？

金宪武：刚才说了，进来要做好心理准备，农业利润很低，周期也很长，要做好心理准备，不是一天两天就可以暴富的，这个真的很重要，既然进来了就要坚持下去，前途应该很好，农业可以做，特别在文成这个地方做农业真的很不错。

采访者：一些新的农创客或者新的农业企业主在有信心、有恒心的情况下做，针对我们目前这种情况，您觉得他们除了恒心和信念之外，还要具备的基本素质有哪些？

金宪武：还要吃苦耐劳，做农业很辛苦，不是想当然的。像“邱老汉”，真是我们大家学习的榜样。

第七章

创业型职业农民培育实践与对策

第一节 “点、线、面”三维度培养创业型职业农民

从传统农业向现代农业转型跨越，需要培养一大批有文化、懂技术、会经营、善管理的农村实用人才，这是实现农业转型的保障，也是农类高校办学和人才培养的方向。温州科技职业学院是全国唯一一所在农科院基础上建立的高职院校，建校以来，该校坚持创办农类特色高职院校的目标不动摇，坚持高举“三农”旗帜，立足“三农”、服务“三农”，在农业职业教育、农业科研、“三农”服务和新型职业农民培训等方面取得了一定成绩，形成了鲜明的办学特色。温州科技职业学院自20世纪60年代起，就开始了对农民培养的探索和实践，2012年，温州市人民政府整合全市涉农培训资源，依托该校成立温州农民学院。

近年来，温州科技职业学院针对农类学生不愿学农、学生学农不爱农、学生兴农能力不足等问题，更新教育理念，立足“农”字倡创新促改革，以生为本，从“个体需要、教学主线、平台搭建”三个维度，进行了一系列的教学改革实践。

一、抓住个体教育“点”：因势利导，内外并举，悉心培育学生的爱农情感与创业意识

“农人”是指为了创业理想而投身农业行业的创业者，他们通过承包或者其他方式，获得拥有使用权的土地，然后在此基础上，进行养殖、种植的创业，并通过团队的管理，进行科学化、系统化的生产创业活动。温州科技职业学院依托农业教育、科研、推广一体化的优势，探索并践行“听、观、行、服”的认知途径，内外并举，悉心培育学生的爱农情感与创业意识。

（一）开设“三农”专家大讲堂，使学生了解现代农业

学校设立“三农”大讲坛，邀请中国林科院蒋有绪院士等专家、校友及农业企业家作报告，以专家的视角让学生了解农业生产的贡献、农业发展的重要意义以及现代农业发展的趋势。

（二）打造“现代农业体验之旅”，使学生体验农业

依托农类大学生就业创业基地、农业高新园区、现代农业企业如楠溪江农业集团等，有计划地组织学生参观、访问、实践，让学生深入体验农业发展的要求、新兴农业科技和市场潜力，认识到从事农业可以有大作为。

（三）实施“七个一”社会实践，让学生喜欢农业

“七个一”社会实践即开展一次“三农”调研、走访一户农村贫困户、联系一个农业种养基地村、参加一次农业科技下乡活动、推广一项农业新技术、提供一条农产品供求信息、宣传一项“三农”政策法规。“七个一”社会实践，让学生深入农村去推广农业，为农民服务，逐渐让学生喜欢上农业。近三年，有 1 500 多名学生分赴温州百余个村参加实践。

（四）开展“百千万”活动，让学生爱上农业

依托农业流动总医院开展“百名专家带千名学生服务万计农民”活动，近三年来，上千名学生跟随学校专家到农村利用自己所学的农业技术为农民服务，让

学生切身感受到学有所用，体会到成就感，让其爱上农业。

二、紧扣人才培养“线”：明确目标，系统设计，着力培植学生的兴农与创业能力

学校以培养“学农、爱农、兴农”的现代农业创业型人才为目标，以创业教育与专业融合为抓手，以学“方案改革——知识构建——实践体悟”为主线，系统设计了现代农业创业型人才培养的体系框架，着力培植学生的兴农与创业能力。

（一）目标引领

学校比照现实需求，特别是当前农类高职教育在能力培养上目标单一，过分强调生产一线技术应用能力的培养，缺乏技术应用向技术开发和经营能力培养方面的延伸。许多涉农专业设置不适应市场需要，沿用传统的老专业或是根据现有的教学资源和办学条件设置专业，缺乏对现实需求和行业发展的调研与分析。学校根据现代农业多元化的产业业态和多功能的产业体系特征，明确提出以创业教育引领专业建设，以培养有文化、懂技术、会经营、善管理的现代农业创业型人才的培养目标。

（二）方案改革

学校注重学生个性发展，在涉农专业中实行“平台教学、专业分流、岗位培养”人才培养模式改革实践，提供给学生选平台、选专业、选岗位三次不同学业阶段的选择机会。特别是在岗位培养过程中，分为技能岗位（拿证书）、营销岗位（拿订单）、创业岗位（拿执照），供学生自主选择，努力在能力培养上拓宽人才素质的复合面，在专业教育宽窄适度的特色上下功夫。

（三）知识构建

学校以创业教育引领课程改革，提出了对接岗位、对接专业、对接产业、对接社会的“四个对接”的课程体系，以达到培养岗位技能强、核心能力精、服务面向宽、综合素质好的高技能人才。在课程建设方面，设计具有专业意识、前沿意识、市场意识的课程内容。在实践教学方面，构建了培养学生动手能力、创新能力、

创业能力的实践教学体系。

（四）实践体悟

学校充分发挥农科教一体化办学优势，实施“导师＋项目＋团队”培养方式，其中，结合自主创业、科学研究、技术研发、技术服务、社会实践五大形式，强化了学生的兴农能力。实践中学生以团队为单位，以项目为载体开展不同的实践。近三年，共计有 300 多个项目，在专业导师的指导下进行实践，有 2 000 多名学生参与其中，有效培养了学生创新创业能力。

三、拓展保障支撑“面”：整合资源，四方联动，倾心搭建创业教育保障平台

高校是大学生创业教育的主体，但是仅靠自身的力量不可能解决创业教育的所有问题。目前，不仅高校的创业教育未与社会形成合力，即便是在高校内部，创业教育也远远没有形成合力，相当一部分学校从事创业教育的仅仅是学生管理或就业管理的人员，专业教学与研究群体的力量对此缺乏一致的共识，更缺乏统一的行动，众多的校内机构仍然游离于创业教育之外。当前，校内的资源还没有很好地整合于创业教育，同时又仅仅局限于校内的封闭资源，没有充分调动政府、企业、社会组织的参与，利用社会资源来弥补学校的资源不足。因此，温州科技职业学院整合“政、校、行、企”四方资源，为学生就业创业提供政策支持和帮助。

（一）积极争取政府支持为学生创业提供保障

在学校的积极争取下，温州市政府出台了《温州市普通高校毕业生农业创业就业扶持暂行办法》等文件，为涉农专业大学生发展提供政策上的帮助。近三年，学校共有千余名涉农专业学生享受到优惠政策。经多方努力，学校成为浙江中小企业局认定的唯一落户在高校的省级小企业创业基地，每年获得 15 万元资金支持。学校还争取到温州市农业局资源，成立了温州市大学生现代农业创业园，孵化了一批农业小企业；争取到了共青团温州市委支持，成立了温州青年创业学院，培训农村青年、涉农专业大学生千余人；争取到温州市组织部资源，成立

了全国首家大学生“村官”创业与研究基地，举办了“村官”培训班等。

（二）学校通过制度设计与搭建创业园为创业教育提供支撑

学校出台了《关于在人才培养中加强创业教育的指导性意见》《奖励学分认定管理办法》等指导性文件，每年设立30万元的创业教育专项经费，明确规定学生学科竞赛中获奖、公开发表论文、科研立项、发明专利等均给予学分奖励。同时，还设立了不设上限的创新奖励经费、成立了学科技能集训队等。学校在农类三个系里各搭建了相对应的专业创业园。动物科学系开设动物宠物医院，实现创业与技能相结合，即学生分批当值班医生，提升技能水平，为创业做准备。农业与生物技术系搭建现代农业创业园，实现创业与实训相结合，实施“高年级生产、低年级实训”，即高年级学生分小组承包大棚生产，并在导师的指导下引进新品种、新技术进行研发创业，低年级学生到高年级学生承包的大棚中实训。园林系设有农业创意园与植物智能工场，实现创业与研发相结合，即实现学生植物水培研发、培育、营销一体。近三年，在专业创业园中创业实践的学生共计千余人，占农类学生总数的2/3以上。如优秀毕业生朱英，毕业后创办瑞安市展鹏农业综合开发合作社，是浙江省示范性专业合作社，现有社员254人，固定资产1 320万元，带动农户600多户。

（三）积极争取农业行业资源支持为学生拓宽就业渠道

近年来，与30多家农业行业协会合作，拓宽就业渠道。如与温州市生猪养殖协会合作开办生猪养殖提高班，与温州粮油协会合作举办“粮油连锁营销经理班”等。

（四）积极争取企业资源支持为学生就业创业提供帮助

近三年，学校与农业基地、农业专业合作社共同实践“导师＋项目＋团队＋基地＋农户”的创业实践模式，为学生创业实践提供支持。如在瓯海区、永嘉等地示范种植水果玉米，在当地形成玉米基地上万亩，真正实现了“把成果留在农户家，把论文写在大地上”。这既是大学生创业致富的途径，也是农户增收的途径。另外，与中国移动等合作成立创新创业基金，共计100余万元；与100多家农类企业建立实习就业创业基地。

通过点、线、面三维创业教育，学校农业教育快速发展。目前涉农专业从2007年的3个增加到11个，仅比全省涉农专业数少一个；涉农专业学生3 102人，占全省40%以上，学校涉农专业数、年招生人数以及在校生数均居全省第一；获得省级以上财政支持的涉农专业5个，实训示范基地5个；农业科研纵向经费连续三年在1 000万元以上，居全省高职第一，形成了良好的社会效应。据麦可思公司对该校毕业生进行人才培养质量跟踪调查显示：近三届涉农专业毕业生半年后平均就业率达95%以上，高于浙江省高职农类就业率；畜牧兽医专业毕业生就业专业对口率高达77%；涉农专业半年后月收入高于省高职农类平均数；毕业生自主创业率为4.9%，而全省高职平均为3.7%。一年级涉农专业学生转专业率从原来的12%左右到现在的不到3%。近三年来，成功孵化农类小企业200多家。学生在各类竞赛获得国家、省部级奖项200多项，参与学生数千人，在社会上产生了良好的影响。形成了现代农业职业教育点、线、面三维育人新体系，实施了在"点"上价值导向育人、在"线"上教学改革育人，在"面"上环境优化育人。

第二节　现代农业创业型人才的"全过程"培养实践

人才振兴是推动实现乡村振兴的内生动力。2019年，全国高职院校扩招100万人，对退役军人、返乡农民工、新型农业经营主体、乡村社会服务组织带头人等单独招生、分类培养，这对高职院校涉农专业的人才培养方向、模式、目标、评价体系等提出了新的要求。创新驱动发展战略要求鼓励中高等院校毕业生等有梦想、有意愿、有能力的群体更多投身创新创业。

一、培养农业创业型人才：高职院校的历史使命与时代机遇

（一）实现农业农村现代化和乡村的全面振兴，呼唤现代农业创业型人才

农业农村现代化关键在科技、在人才。随着现代农业的快速发展和乡村振

兴战略的深入实施，农村产业结构、农业生产方式和农业经营主体发生深刻变革，这对农业从业人员的综合素质提出了更高要求。新一轮的科技革命和产业变革使信息技术、生物技术等在农业中得到广泛应用，新型经营主体迅速崛起，新型农业经营主体在推动传统农业向现代农业转型的作用日益凸显，这就急需一大批具有农业专业知识、具有创新创业精神和能力的新生代力量涌入农村就业创业，急需农业创业型人才运用新技术、新理念发展农业新产业、新业态，创办和发展新型农业经营主体。培养现代农业创业型人才，是推动我国顺利实现传统农业向现代农业转型升级的关键，也是与乡村振兴人才需求的精准对接。现代农业创业型人才将成为推动并引领现代农业快速发展、实现乡村振兴的核心力量和有力支撑。

（二）农业人才培养与实施乡村振兴战略的人才需求存在差距

1. 农业专业学生学农但不愿从农

当前高校大规模扩招，就业群体剧增，2019 年毕业生达 834 万人，2020 年毕业生将突破 840 万人，全国各行各业的就业压力越来越大。虽然农村基层的就业机会越来越多，但是专业招生的调查显示，一大部分学生是为了能上好的学校才比较被动地选择农业专业，学农的学生不爱农，所以当前农业教育招生困难、生源质量不高、转专业比例高。

我国现阶段“农民”的社会地位还没有被完全认可，社会对从事农业还存在一定的偏见，再加上农业的就业环境较差、薪酬较低、工作较辛苦，从事农业要“耐得住寂寞，经得起磨炼”，从事农业的人除要付出更多的体力、心力、精力外，还要接受亲朋好友的“冷水”。所以农业专业学生毕业后真正从事农业的较少，农林牧渔类专业的就业专业对口率均在 60%以下。

2. 农业教育还需重视学生综合素质的提升

农业专业学生是现代农业的接班人，是推动乡村振兴的后备力量。乡村振兴背景下，农业教育的人才培养目标应逐步向高层次、复合型方向提升，不仅要培养农业生产一线的高级管理型、技能型人才，还要培养集生产、经营、管理、应用于一体的应用型复合人才。但是，当前农业专业教育教学内容和教学形式没有与实际的农业生产实践接轨，学生理论知识强，但是实践能力欠缺，专业理论知识难以转化为大学生的创业实践能力。教育过程中，重技术技能的培养，缺少职业适应能力、创业能力，爱农、从农、兴农情感和吃苦耐劳、积极乐观、敢于冒险、风险防范等精神品质的培养，还缺少对学生从事农业的正面引导。

3. 对学生毕业后的跟踪服务流于形式

现代农业对技术要求高，在实际的生产经营过程中会出现各种在校园里没有接触到的问题，需要在长期的实践生产经营中积累经验才能解决，而且从事农业受自然环境影响较大，风险较高。所以，学生走出校门后，在实际的就业、创业过程中会遇到难以解决的困难，要承受更大的心理压力、资金压力，老师对学生的技术指导没有在校期间那么方便与及时。当前，高职院校对校友的回访工作只局限于电话调查或问卷调查的层面，缺少对校友创业、就业的资金、技术和平台等的持续性帮扶。

（三）高职院校是培养现代农业创业型人才的主阵地

习近平在给全国涉农高校的书记校长和专家代表的回信中指出，涉农高校应以强农兴农为己任，拿出更多科技成果，培养更多知农爱农新型人才。涉农高职院校肩负着推动区域经济发展，特别是农业农村经济发展的重任，应立足国家"三农"发展和国家战略需要，以推动区域经济发展和现代农业发展为目标，提升学生的综合素养，培养热爱农业、农村、农民，具有创新创业精神、能力的现代农业创业型人才。

农业高职院校如何结合自身特色和优势，围绕乡村振兴背景下农业教育的育人目标，针对农业教育存在的问题，创新农业人才培养模式，在农业教育教学中融入创业教育，探索创业型人才培养路径，开展更具针对性和实效性的农业创业教育，培养更多"知农、爱农、兴农"、乐意扎根"三农"的新时代农业人才，成为时下农业教育的重点和涉农高职院校进行教育教学改革的重要方向。

二、创业型人才培养的路径：全过程培养闭合圈

（一）"全过程"教育的内涵

全程教育是指在学生学习、成长的一定的时间段内，对其进行全时段的教

育。狭义的全程教育是学生在校期间的全程教育，广义的全程教育将学生毕业以后的后续跟踪服务也纳入教育过程，实施“职前教育＋职后服务”的培养模式。本书以学生终身教育理念为指导，将“全过程”教育定义为通过有效的产教融合，以提升学校的职业发展能力和可持续发展能力为目标，将在校的教育教学和校外的跟踪服务无缝衔接，将对学生进行在校的专业教育、创业教育、创业实践、实习指导和毕业后的跟踪服务教育贯穿于学生职业能力发展的全过程，从而使学生获得终身的学习能力。

（二）“全过程”培育路径的整体设计

将涉农专业学生和分层、分类培养的扩招农民工、农民等共同纳入培养体系，进行融合培养。高职院校充分发挥创业教育、科学研究和社会服务的优势，创业教育引领农业专业教育，科学研究促进创业实践活动，社会服务保障学生校外创业，构建校内的专业教育到实践基地的创业实践指导到校外的创业孵化服务的闭合的人才培养圈，形成现代农业创业型人才的全过程培养路径，从而实现在校生从“无业”到“创业”，毕业校友从“有业”到“强业”的培养目标。

（三）具体实施路径

1. 创业教育引领专业教育，提升学生的综合素质

将创业教育建立在专业教育基础上，并与专业教育深度融合，指导专业教育改革。在涉农专业中开展创业教育，使学生在专业学习中增强创新创业能力的培养，应用专业知识开展创业实践，加深对专业知识的理解和认识，两者相辅相成。由于普通的全日制涉农专业学生与扩招的农民工、农民的文化素质基础、对农业的认知水平、对从事农业的动机及情感等的差异，在专业教育环节进行分类培养。

（1）普通全日制涉农专业学生的专业教育

当前，涉农专业学生的创业动力不足、综合素质能力不强、职业能力不高。针对这些问题，在专业教育的过程中将专业核心课、创业基础课、创业实践课等与人文素质教育结合起来，除了发挥学校专业教师的作用外，充分发挥“第二课堂”的功能，邀请知名农业专家、创业校友前来授课，组织学生到农业基地、农业

企业参观学习，鼓励引导学生参加“三农”服务实践活动，将专业教育由“虚”变“实”，加深学生对农业、农村、农民的了解和对专业的认识，在提升学生的专业技术技能的同时培养学生的创新创业精神和爱农兴农的情感；通过在课程层面、专业层面给学生布置综合作业（课程层面是以课程综合实训周为载体的课程综合作业，专业层面是以毕业综合实践为载体的专业综合大作业），分别解决知识点与知识点之间的碎片化问题和课程与课程之间的碎片化问题，学生在完成综合作业的过程中从创意灵感到项目策划到作品创造到成品展示，提升利用专业技能知识解决实际问题的能力；通过将竞赛训练常态化，鼓励创业导师、专业教师和辅导员等帮助学生对未来职业进行规划，指导学生参加职业生涯规划大赛、创新创业大赛等国家级、省级职业技能竞赛活动，使学生在提升专业岗位技能的同时获得职业技能证书，培养学生的职业规划能力和职业素养。

（2）扩招农民工、农民的专业教育

扩招的学生年龄跨度大、文化素质水平不一、学习的动机不同，所以在专业教育的过程中要进行个性化、针对性的人文素质涵养、生产经营管理知识和创业技能的教育。

高职院校针对当地区域经济发展现状和现代农业发展需求，根据学校的特色，为扩招学生设置包括通识类课程、核心专业技能类课程、前沿技术类课程、经营管理与人文素养教育类课程等课程库，形成“课程超市”，同时开发多类型、多纬度的短期培训项目，形成特色“项目菜单”，学生按照自身的短板和需求，自主选择课程和短期培训，并鼓励学生考取职业技能证书，通过“学分互认”机制，实现学历教育与职业培训互通共融。除了课堂学习，还要针对农民居住偏远、存在农忙时段等特点，开发线上移动学习平台，学生通过手机 App 就可随时点击课件，按需自主选择课程线上学习。农民也可通过手机终端，实现线上报名、线上考核、线上联系专家。同时不断丰富线上学习资源，开发适合当地农业生产实际的网络微课程、技术短视频。参观体验可以有效提升学生学习的针对性和有效性，高职院校充分利用全国高校、政府、企业、职教联盟等资源，建立农民现场学习网络，组织扩招学生到全国各地现场学习。

2. 科学研究促进创业实践，提升学生的创业实践能力和职业能力

当前的农业创业教育“平台不专业、项目低层次、教师没经验、学生很迷茫”。

高职院校虽然在积极进行农业创新创业平台和基地的建设，但是平台和基地的建设需要的人力、物力和财力较大，仅凭学校之力难以满足学生创新创业实践的需求。政府、企业、行业参与培育创业型人才多数只停留在文件与口号上，落到实处的不多，校企合作过程中，企业的创新平台、导师、项目等资源对学校创业教育发挥的作用不突出。种种原因导致学生的创业项目、创业实践流于形式，很多只是写一份创业计划书、参加创业竞赛，知行不一，专业理论知识难以转化为大学生的创业实践能力，对学生创新创业实践能力的培养效果不明显。

高职院校特别是农类高职院校的农业科研实力比较强，针对上述问题，涉农高职院校可以充分利用农业科研人员、科研项目、科研成果以及科研设备等农业科研优势，将涉农专业学生和扩招学生同时纳入创业实践活动，立足现代农业发展的新技术、新模式、新业态，结合当地资源禀赋、学生个人兴趣爱好，开展现代农业创业型人才培育工作。

农业专家的科研项目与学生的创业实践项目深度融合，通过“导师＋项目＋团队”机制，以农业的新品种、新技术、新模式应用为导向，开展生创师导、生随师创、师生共创等形式的“训研创”一体化创业实践。科技成果展延伸为创业项目对接会，为学生的创业实践提供灵感和具体载体，学生根据自身专业特色按需对接。农业科研专家变身为学生创业导师，科技成果的转化与创业项目的实践相融合，学生参与导师的科技研发，导师指导学生创业。学校的科研基地、科研平台和扩招生的生产基地升级为创业实践基地，在实验室、实训基地、生产基地的基础上建立创业工作室，为学生创业实践提供资源保障。

普通全日制学生可以与扩招生合作，两者优势互补、共同创业。扩招生作为创业导师带着全日制学生创业，全日制学生到扩招生的企业担任总经理助理，作为合伙人参与扩招生的创业，双方在学农爱农精神方面互相感染，在务农兴农能力方面互相促进。

3. 社会服务保障毕业后的跟踪服务，扶持校友创办企业

据麦可思研究院发布的蓝皮书的分析，大学生毕业时基本工作能力水平满足不了工作岗位的要求，学生毕业时不管是就业还是创业，职业能力还不能及时与岗位接轨，还会遇到校园里所学知识解决不了的问题。在跟踪服务校友的同时，能帮助学校获取真实可靠的教学质量评价，全面的评估学生的学习效果和职

业能力，并将其反馈到下一轮的教育教学改革中。所以，充分调动学校"三农服务"老师跟踪服务校友的积极性，建立全校跟踪服务的应答服务机制和服务网络，确保校友在创业过程中遇到困难时都能得到学校的有效帮助。

搭建创业服务平台，跟踪帮助校友创业孵化。开放学校的省、市级中小企业创业基地和各级众创空间等创业孵化平台，并利用学校的社会资源，帮助校友创办企业、创建品牌、注册商标，同时利用校友会等组织，建立学校的创业联盟，校友间进行资源共享、交流合作。搭建技术服务平台，跟踪解决校友技术难题。专门建立校友创业服务导师团队，在学生毕业时，创业学生与导师进行双向选择，为学生配备1～2名联系导师，为学生创业提供持续性技术帮扶。定期组织专家公益问诊活动，深入校友企业、基地进行点对点、面对面指导。搭建销售服务平台，跟踪提升校友的品牌建设能力。在创业联盟的基础上，建立校友企业的产品"线上＋线下"联合销售中心，定期举办校友企业产品推介会、展销会等活动，对所有产品质量、形象标志等进行标准化统一把关、管理和宣传。学校选派营销专业老师以技术入股的形式参与到销售中心的运营中，对校友的营销能力、品牌建设能力进行精准指导。搭建宣传服务平台，跟踪提升校友企业的知名度。在学校外网建立优秀校友风采展专栏，联系各级媒体建立优秀校友企业宣传专栏，通过宣传画册、新媒体等形式，帮助校友企业提升影响力。

三、创业型人才培养的保障："政校行企"四方联动

现代农业创业型人才将是今后涉农人才培养的主要目标和发展趋势，如何提升涉农专业的吸引力和竞争力，如何提高创业型人才的培养质量，如何对涉农大学生、返乡农民工、新型农业经营主体等在进行分类培养的同时，进一步建立互通、共享、共创的培养路径等，还需要政府、学校、行业、企业四方联动，为培养现代农业人才共同发力。

1. 地方政府还需优化现代农业创业型人才培养的环境

地方政府应进一步加大对农类高职院校的扶持力度，加强对农业专业的正面宣传，使更多学生愿意就读涉农专业，同时加大对涉农专业学生和农民创业的资金、政策等扶持力度；进一步提升涉农专业学生培养、农民培训的财政投入，各类农村和农业建设项目中，应专门划出一定比例经费用于农业人才培养；进一步

整合教育培训资源，充分利用现代信息技术，建立区域信息化教育平台、师资库、农业创业学生库等。

2. 高职院校还需不断加强师资、课程、实践基地建设

学校应进一步加强对创业导师的培育力度，鼓励教师进行创业实践、参加各类培训、竞赛等，提升教师待遇和跟踪服务的补贴，切实提升教师指导服务学生的积极性；及时针对地方产业发展变化，调整教学课程、更新教材和教学内容，根据教学评价反馈情况，优化人才培养方案。进一步加强农业创业教育的基础设施建设，优化农业创业实践基地、平台的建设。

3. 行业、企业还需更加积极地参与创业型人才培养工作

农业行业、企业应加强在与学校联合招生、联合培养现代农业创业型人才方面的合作，在产教融合、校企合作中发挥主动性，积极与学校共同培养创业导师，共同开发创新创业教材，共建共享农业创新创业服务平台和实践基地。

第三节　农业创业型人才"一主体、三互通"培养模式构建与实践

一、研究背景

乡村振兴、精准脱贫重点在产业兴旺，关键是人才支撑。产教融合校企"双元"育人，农业产业发展与农业教育融合推进，农业科技创新与创业孵化双轮驱动，是培育农业创业型人才的有效途径。

温州科技职业学院是全国唯一一所在市农业科学研究院基础上创建的高等职业院校，同时保留农科院建制，农业、科研、教育、创业一体化的机制优势明显。本书以产业需求引领专业教育改革、以农业科研创新驱动农业创业、以农业培训服务保障后续可持续发展，构建教学与产业、科研、培训"三互通"培养模式，形成"科技创新—成果转化—中期试验—创业孵化—产业开发"科技成果转化线与"苗圃—孵化器—加速器—产业园"创业孵化线双线耦合的农业创新创业人才培养链条。

人才培养过程中，教学与产业脱节导致学生服务“三农”、服务社会的意识不强、能力不足；教学与科研脱节导致学生科技创新能力不强，创业的核心竞争力不足；教学与培训脱节，导致学生可持续发展能力不强、后劲不足。

发挥农科教创一体化优势，全校“研究所（专业）—二级学院—学校（研究院）”三级一体联动，构建教学与产业、科研、培训“三互通”培养模式，夯实专业基础，提升实践能力，保障后续发展，三维聚力破解农业创业型人才能力短板问题。

二、教学与产业互通共融：专业群覆盖全产业链，形成全校创新创业生态圈

一是人才培养聚焦服务社会发展。以培养有情怀、懂技术、善经营、会管理的新时代农业创新创业人才为目标，构建对接岗位、对接专业、对接行业、对接社会的课程体系，实施“技术技能岗、专业营销岗、创新创业岗、学历提升岗”分类培养。二是专业建设精准对接产业需求。构建紧扣“技术研发—加工生产—营销推广—消费服务”现代全产业链的专业链，建立覆盖农业产业链岗位群的种业、智慧农业、宠物等6大专业群。三是创业实践直接面向企业岗位。立足“研究所（专业）—二级学院—学校（研究院）”一体化机制，建立“学校（研究院）办总公司，二级院系（研究所）办子公司，专业（项目）对接主营业务”的产教直接融合模式，学校设立总公司温州科苑资产管理有限公司，每个二级学院立足专业与研究所设立科苑农牧有限公司、科诚种业股份有限公司等独立法人的子公司，子公司结合专业开展创业实践。

三、教学与科研互通共促：应用型研究对接创业实践全过程，形成创业孵化链

一是专业建立在研究所基础上，生随师研。以应用型研究为导向，建立设施农业与装备研究所、园艺研究所等实体研究所，每个研究所支撑建设一个专业，并作为创新创业的基础单位，学生参与教师的科研项目，围绕农业新技术、新产品、新模式、新业态开展“立地式”应用研究和创新创业教育。二是创业项目设立在科研项目上，师导生创。以科研成果、新技术应用为途径，科技成果展延伸为学生创业项目对接会，农业科研专家变身为学生创业导师，实验室转型为创业工

作室，导师指导学生创业。三是创业孵化依托在科技成果转化基础上，师生共创。以科技成果的转化落地为目标，建立“科技创新—成果转化—中期试验—创业孵化—产业开发”科技成果转化线与“苗圃—孵化器—加速器—产业园”学生创业孵化线双线耦合机制，鼓励指导教师技术作价入股学生创业项目，按股份制形式共同创业。

四、教学与培训互通共进：育训结合贯串个人成长全时段，形成跟踪服务网

一是建立学分互认机制和终身学分银行。学生在校期间可参加学校组织的家庭农场主等各类创业培训班，激励学生考取技能证书，并实现学分互认。二是建立“课程超市”和“云课堂”。毕业校友作为学员可参加学校组织的各类职业培训，并因缺因需选修线上和线下的全日制教学课程，打通学历教育与职业培训壁垒。三是建立各级联动的应答服务体系和创业联盟。开展技术指导、销售服务等全方位的创业跟踪服务，构建从培养到孵化、从校内到校外、从在校学习到毕业跟踪帮扶的农业创新创业人才培育“全过程”。

五、创业型农民“终身制”训后跟踪服务创新实践

（一）建立技术指导机制及网络，跟踪解决学员生产难题

1. 导师负责制

在全市范围内推选公共类、种植类、养殖类、农业工程与农业信息化类、农业经济管理类、乡村旅游与森林康养类、农业创业创新类七大方向的农业专家带头人，建立农民培训首席专家团队，并以此为核心建立全市农业专家库。打造了一支具有扎实的专业知识，丰富的教学、实践经验，能够解决农民实际技术难题并热爱农民培训事业的师资队伍。农业专家库的每位专家有义务和责任向授过课的每位学员公布专业特长和联系方式，并为学员进行训后的农业技术咨询、在线答疑和现场技术指导，帮助、指导学员注册农产品商标，申报各级农业龙头企业、申报相关项目等。为充分调动导师工作积极性，导师对学员的技术指导均为有偿指导，学校专门制定农民培训相关课酬标准，出台农民培训经费使用管理办

法。

2. 信息联动制

与时俱进，应用物联网、云计算、大数据、移动互联等现代信息技术，与隆平现代农业科技服务有限公司合作，建立了农民培训移动学习云平台——温农云。导师和学员均在云平台上进行注册，云平台具有语音和视频功能，学员可快速、直接、准确地联系相应专家进行技术咨询，专家根据农民需求进行线上或线下的技术跟踪指导，有效提高技术服务的效率、准确度和针对性。除此之外，学校充分利用新媒体，每期培训班组建“学员＋导师”微信群，搭起学员、导师、学校的长期联系桥梁。

3. 精英引领制

在参加过本校系统培训一年以上的500多名学员中选拔27名培育对象，举办市农业发展领军人物研修班，对培育对象跟踪服务一年，重点培养引领、示范温州现代农业发展的带头人。领军人物的跟踪服务参照研究生的导师制培育模式，导师和学员进行双向选择，每位学员根据专业方向选择1名导师，导师定期深入学员企业调研，了解企业发展优势及存在的问题，对学员进行技术指导，本人或邀请专家到学员企业开展科普宣传和技术培训，全程跟踪解决学员遇到的技术难题。培育的领军人物作为师资库的辅助力量，有责任对周边农户、农业企业等进行辐射带动，学校定期对其进行量化考核。

（二）搭建多元化销售服务平台，跟踪提升学员品牌建设能力

1. 建立学员农产品联合销售宣传中心

发挥品牌集群效应，在校内建立学员农产品联合销售旗舰店，不断吸引学员企业加盟（只要是在学校培训过的学员，都有资格加盟），将学员的企业和企业的产品凝聚到所搭建的公共销售宣传平台中，形成学校农产品公共品牌。学校对学员进行营销指导，对学员企业和产品进行整体包装、宣传，对产品质量、生产管理、销售服务、形象标志、人员培训以及原材料采购等进行标准化统一管理，尤其是对产品质量安全进行统一把关和监控。销售中心采用公司化运作方式，资源共享、市场共享、成本分担、风险分散、收益分享。

2. 定期举办学员农产品推介会活动

每年在校园内举办两期学员优质农产品进校园暨学员农产品推介会活动，通过学校微信公众号、温农云 App 等平台发布通知，广泛吸引、发动学员加入。学员产品深受师生喜爱，为学员宣传品牌、提升经济效益的同时，建立了学员与师生的互动纽带，为学员建立长期客户群。学校内很多教师自发组建学员农产品销售微信群，帮助学员进行产品销售，大大提高了学员产品销售额。

3. 定期组织学员参展展销会

学校免费为学员进行营销策划，免费为学员制作微电影、宣传画册等，指导示范学员进行品牌建设。例如，2016 年，学校积极争取参加第七届温州市特色农业博览会的机会，并提前谋划、积极筹备，通过优秀学员风采与示范基地展示、微电影展示、自选超市等方式，为学员搭建宣传、销售平台。温州市委书记徐立毅等领导现场参观并给予充分肯定，温州电视台、《温州日报》等新闻媒体争相宣传报道，大大提升了学员的品牌显示度和美誉度。

（三）整合多方农业创业资源，跟踪指导学员孵化创业

学校整合温州市创业资源，凝聚学员力量，牵头成立温州市农业创业联合会。该会由温州市涉农企业、农民专业合作社、涉农服务性企业及专家、学者、有志农业创业的个人组成，使学员变会员。

联合会定期邀请全国知名创业导师、成功创业人士对学员开展创业技能辅导和实践指导，组织会员到阿里巴巴总部等知名企业参观学习，学员们以此为平台进行交流互动、资源共享、业务合作。

该校也发挥技术、品种、设施、农业信息化等方面的优势，开展以科技成果为依托的创业孵化帮扶，帮助学员孵化企业。例如，举办的两届家庭农场主培训班中，有 34 名学员注册成立 38 家涉农企业，近三年来，帮助学员新创涉农企业 630 多家。

第四节 创业型农民学历教育与职业培训互通共融的探索

李克强总理在第十三届全国人民代表大会第二次会议的工作报告中指出：

"改革完善高职院校考试招生办法,鼓励更多应届高中毕业生和退役军人、下岗职工、农民工等报考,今年大规模扩招100万人。"招生规模的扩大对农业高职院校来说是一个新的机遇,也是一个新的挑战。2019年国务院印发的《国家职业教育改革实施方案》明确提出落实职业院校实施学历教育与培训并举的法定职责,加快学历证书和职业技能等级证书互通衔接。在高职院校中实施农民高等学历教育与职业培训相结合的新型职业农民培育模式是真正解决农民学历与素质提升问题的突破口。如何针对农民的文化素质现状、职业特点、地方优势产业发展需求,创新农民学历教育形式,建设学历教育与职业培训互通共融立交桥,成为实现乡村人才振兴的又一途径。

一、农民学历教育与农民培训的区别及联系

(一)农民学历教育

学历教育是根据国家教育部门下达的招生指标,学生通过考试选拔后,按照教育主管部门认可的教学计划实施的教育,包括初等教育、中等教育和高等教育,其中高等学历教育中又包括全日制的专科、本科、研究生教育和非全日制的成人教育。学历教育是长期的、系统的、全面的教育,包括基础理论知识、文化修养、职业道德、技术技能教育,具有完整的人才培养方案。学生按照相应标准要求完成学业和学时后,能够获得由国家认可的毕业证书和学位证书。除了涉农高校开展的全日制农业高等教育,当前针对从事一线农业生产的农民的学历教育主要以成人教育为主。

(二)农民培训

职业培训是基于某一专业、技能、职业能力开展的中、短期培训,具有专项性、更新性、强化性、阶段性和短平快的特点,劳动者通过几天的时间可以快速掌握或强化或更新某一专业技能,通过培训与考试也可以获得相应的职业技能证书、资格证书。农民培训,顾名思义是针对农民开展的各类技术技能培训。自2009年中央一号文件首次提出大力培训新型职业农民后,连续10年的中央一号文件都强调实施新型职业农民培育工程。当前,全国乡村就业人员中从事第

一产业的占了一半以上,一线农民的培训工作备受重视和关注,国家实施了新型农民科技培训工程、农村劳动力转移培训阳光工程、绿色证书工程等。农民培训对象主要是生产、经营型农民,培训类型主要聚焦在生产技术培训、经济管理与市场信息培训等,开展农民培训的有政府相关部门、高等院校、科研院所、农业科技园区、农业企业等。通过培训,农民还可考取农业技术员、农作物植保员、农产品食品检验员等中高级职业资格证书或职业技能等级证书。

(三)农民学历教育与农民培训的联系

虽然学历教育与职业培训在学习时间、内容、形式上存在较大差异,但是学历教育与职业培训在学习目标、学习形式、职业生涯、教育功能上具有“互补性”。农业存在专业技术性强、生产具有季节性等特点,再加上农民这一特殊群体的文化素质普遍偏低等原因,单纯农民学历教育或农民培训不能满足当前现代农业快速发展和实施乡村振兴战略对农民提出的素质要求,需要两者有机结合,探索提升农民学历水平、职业技能和综合素质的农民学历教育与农民培训互通共融的有效实施路径。

二、农民学历教育与农民培训互通共融的实施路径

高职院校开展职业教育、职业培训有着得天独厚的优势,可以在涉农类的高职院校中探索实施农民高等学历教育与农民培训互通共融的培养模式。例如,温州科技职业学院是全国唯一一所在农科院基础上创办的高职院校,“农”字特色突出。2012 年,该校开始招收学制 2.5 年的农民专科学历函授教育学生,实施“农民学历教育+X”教育模式,免费培养农民专科学历教育学员 739 人,其中有 53 人考入浙江农林大学继续函授本科的学习。总结该校办学经验,可以探索农民学历教育与农民培训互通共融的实施路径。

高职院校可以开放共享全校教学资源,将农民长期的学历教育与短期的职业培训相结合,实施“学历教育+农民培训+实践实训+职业技能鉴定+全日制学生课程+……”教育模式,通过“育训结合、学分互认”机制,联通课堂与现场教学、贯通线上与线下教学、打通学历教育与农民培训壁垒、打造学历教育和职业培训互通共融的立交桥。

(一)核心课程——专业必修

每个专业设置4～6门专业核心课程进行集中授课。核心课程紧紧围绕该专业的产业发展现状和需求,采用理论授课、现场教学、实践实训等方式,校内理论学习实践,校外现场教学与参观体验,学用结合、学以致用。授课时间根据专业的实际情况错开"农忙"时节,考核方式以理论考试、实践操作为主,所有学生必须修满核心课程的学分和学时。

(二)课程超市——按需选修

整合优势教学资源,打造全校"课程超市"平台,开设农业基础知识、现代农业技术技能、经营管理与人文素养教育、智慧农业与电子商务等6大类以上、200门以上选修课程。推出"课程超市"点菜式"小班"开课模式,学生根据文化基础、兴趣爱好、工作实用、实际需求、时间安排,选择12～16门课程,也没有年级限制,没有时间限制,到额就开班。同时开放全日制在校生的课程、讲座、论坛等,学生可以选修全日制学生课程,与全日制学生同学习、同考勤、同考核,参加校内讲座、论坛累计5次,记1个学分。

(三)短期培训——因缺旁听

职业院校每年都会与政府部门、社会机构、企业等合作举办各类短期培训班,涉农高职院校更是举办农民培训的主要单位。农民培训向学历教育学生开放,学历教育学生可根据自身能力素质短板有选择地进行旁听专题培训班,完成培训班的学时,通过考核后获得相应的结业证书。根据培训班主题充抵相应选修课学分,参加2天及2天以内培训班计1个学分,2天以上培训班计2个学分。

(四)技能证书——激励考取

鼓励学生发挥自身专业优势考取相应的职业技能证书,鼓励学生参加各类职业技能大赛。学校根据学生需要,安排专家进行考前培训指导。职业技能证书、专项能力证书等在行业内被认可的证书可进行学分转换,初级、中级、高级证书分别折合2、4、6个学分,或者根据证书类型获得类似的选修课程学分。

(五)网络课程——自主学习

将网络教学作为课堂教学的辅助手段,对农民学历教育学生免费开放学校网络学习课程,并针对农民需求,建设农民远程教育平台、线上学习平台等,开发适合当地农业生产实际的“互联网+农民职业教育”微课程和线上专题培训班,并建立线上学习、考核和学分互认机制。学生完成线上课程或培训班的学习后,给予相应的结业证书,可冲抵相应选修课学分。

附录

一、关于创业型职业农民创业情况的调查问卷

1. 您是否已经创业(　　)

A. 已经创业　　B. 有创业意愿但暂未创业

C. 不打算创业

2. 您的创业项目领域为(　　)

A. 种植业和养殖业　　B. 其他行业

3. 您的创业形式为(　　)

A. 自主创业　　B. 家庭创业

C. 合伙创业

4. 您的性别为(　　)

A. 男　　B. 女

5. 您的年龄为(　　)岁

6. 您的教育程度为(　　)

A. 文盲　　B. 小学

C. 初中　　D. 高中

E. 大专　　F. 大学本科

G. 硕士研究生

7. 您的家庭人口数为(　　)人

8. 您的家庭年纯收入为(　　)万元

9. 您是否愿意创业(　　)

A. 愿意　　B. 不愿意

C. 说不准

10. 您是否有较为成熟的创业项目(　　)

A. 是　　B. 否

11. 您认为自身现有能力是否能够满足创业需求(　　)

A. 是　　　　B. 否

12. 您的创业动机是（　　）

A. 自主创业收入高　　　　B. 我不愿意为别人打工

C. 外出打工就业难

13. 您的创业初始计划投资为（　　）

A. 10 万元以下　　　　B. 10 万～100 万元

C. 100 万元以上

14. 您所熟知的政府创业扶持政策有几个（　　）

15. 您参加过创业培训吗（　　）

A. 已参加　　　　B. 未参加

16. 您的创业资金来源为（　　）

A. 自有资金

B. 传统借贷（亲戚朋友、金融信用贷款、政府借贷）

C. 风险融资（风险基金、通过招股集资与其他）

17. 您认为自己创业的最大障碍有以下哪几项（　　）

A. 创业风险难以承受　　　　B. 缺乏创业知识

C. 创业信心不足　　　　D. 创业资金不足

E. 没有好创业项目　　　　F. 缺乏销售渠道

G. 缺乏创业经验　　　　H. 缺乏社会关心

I. 其他

18. 您有过外出务工经历吗（　　）

A. 有　　　　B. 无

19. 您有创业经验吗（　　）

A. 有　　　　B. 无

20. 面临创业机会时，您是否有信心把握住机会实施创业并取得成功（　　）

A. 是　　　　B. 否

21. 在过去几年内，您是否发现了较多的创业机会（　　）

A. 是　　　　B. 否

二、关于创业型职业农民培训需求及影响因素的调查问卷

1. 您的性别为（　　）

A. 男　　B. 女

2. 您的年龄为（　　）岁

A. 20～30 岁　　B. 31～40 岁

C. 41～50 岁　　D. 51～60 岁

E. 61 岁以上

3. 您的教育程度为（　　）

A. 小学及以下　　B. 初中

C. 高中　　D. 中专

E. 大专　　F. 大学本科及以上

4. 您从事的行业为（　　）

A. 农业　　B. 工业

C. 销售业　　D. 其他

5. 如果您从事农业，具体从事哪一类型（　　）

A. 种植业　　B. 养殖业

C. 加工业　　D. 其他

6. 您的职务是什么（　　）

A. 合作社理事长　　B. 公司负责人

C. 管理人员　　D. 技术人员

E. 办公室文员　　F. 社会服务人员

G. 其他

7. 您的每年的家庭总收入是（　　）

A. 10 万元以下　　B. 10～20 万元

C. 21～30 万元　　D. 31～40 万元

E. 40～50 万元　　F. 50 万～100 万元

G. 100 万元以上

8. 您经常参加培训学习吗(　　)

A. 经常,每年都参加 2～3 次　　B. 一般,基本每年 1 次

C. 不是很多,2～3 年一次　　D. 从没参加过

9. 您觉得之前的培训学习有用吗?(　　)

A. 非常有用,帮助很大

B. 比较有用,部门内容比较实用

C. 基本没用,浪费时间

10. 您参加过哪些培训机构组织的培训(　　)

A. 省级农科院　　B. 省级农业大专院校

C. 地市级涉农部门　　D. 县级农技术推广部门

E. 乡镇农技中心　　F. 农民专业合作社

G. 涉农企业　　H. 民间培训机构

I. 其他

11. 您认为最有效的学习方式是(　　)(多选,限选 2 项)

A. 课堂理论学习　　B. 技术研讨会

C. 专业技能培训　　D. 现场考察与同行交流

E. 看录像与光盘　　F. 网络远程教育

G. 专家现场考察指导

12. 您最感兴趣的培训课程类型是(　　)(多选,限选 2 项)

A. 种植、养殖技术类　　B. 营销类

C. 经营管理类　　D. 农产品加工类

E. 美丽乡村建设类　　F. 乡村旅游类

G. 宣传策划类　　H. 新媒体应用类

I. 其他

13. 您觉得您哪些方面还需要进一步提升(　　)(多选)

A. 学历水平　　B. 语言表达能力

C. 组织管理能力　　D. 专业技术水平

E. 宣传营销能力　　F. 创新创业能力

G. 人文素质涵养　　H. 其他

14. 如果您觉得专业技术水平需要提升,具体是哪些方面(　　)

A. 种植管理技术　　B. 病虫害防治技术

C. 新品种、新技术、新设备应用　　D. 绿色生产技术

E. 其他

15. 影响您对培训班满意程度的关键因素是什么(　　)

A. 课程内容　　B. 教师水平

C. 组织形式或培训模式　　D. 食宿条件

E. 其他

16. 您是通过什么途径参加培训班的(　　)

A. 乡镇推荐　　B. 培训学校或机构直接宣传

C. 亲戚、朋友介绍　　D. 网站、微信公众号了解

E. 电视、报纸等媒体宣传

17. 您参加培训的初衷是什么(　　)

A. 企业发展需要　　B. 获得学历证书或培训证书

C. 知识技能提升　　D. 乡镇或村里任务

E. 打发时间

18. 您认为培训学习有必要吗(　　)

A. 很有必要　　B. 较有必要

C. 一般　　D. 完全没必要

19. 如果您还有参加培训或者教育的机会,您愿意参加吗(　　)

A. 非常愿意　　B. 较愿意

C. 不是很愿意　　D. 完全不愿意

20. 下列教育形式,您喜欢参加哪种(　　)

A. 1～2 天的短期培训

B. 3～7 天的中长期培训

C. 函授形式的大专或本科学历教育(仅周末上课)

D. 全日制的大专或本科学历教育

E. 其他

三、关于创业型职业农民线上培训方式接受度的调查

1. 请问您的性别是（　　）

A. 男　　B. 女

2. 请问您的年龄是（　　）

A. 30 岁以下　　B. 30～50 岁

C. 50～65 岁　　D. 65 岁以上

3. 请问您的文化水平是（　　）

A. 初中及以下　　B. 高中

C. 中专　　D. 大专

E. 大学本科及以上

4. 请问您从事的具体行业是（　　）

A. 种植业　　B. 养殖业

C. 林业　　D. 渔业

E. 农林牧渔产品的加工技术类　　F. 农家乐、民宿等服务业

G. 其他

5. 请问您的具体职务是（　　）

A. 法人及主要负责人　　B. 合作社理事长

C. 办公室人员　　D. 技术人员

E. 其他

6. 请问您的年收入是（　　）

A. 5 万元以下　　B. 5 万～10 万元

C. 10 万～30 万元　　D. 30 万元以上

7. 请问您对线上培训的了解程度（　　）

A. 了解　　B. 不太了解

C. 不了解

8. 请问您认为疫情对您所从事行业的影响程度（　　）

A. 大　　B. 一般，不太影响

C. 几乎没影响

9. 您认为线上培训是否有必要（　　）

A. 很有必要　　B. 一般

C. 没必要

10. 您希望的线上培训层次为（　　）

A. 初级　　B. 中级

C. 高级

11. 您希望的培训形式是（　　）

A. 线下现场培训　　B. 线上网络培训

C. 线下＋线上相结合

12. 您希望的培训内容有（　　）（多选）

A. 现代农业理论知识　　B. 农业农村政策

C. 市场及产品营销　　D. 相关政策法律知识

E. 创业知识与技能　　F. 系统的综合职业素质

G. 科学与文化教育

H. 目前从事工作的实用现代农业知识和技能

I. 国内外先进经验

J. 其他

13. 您希望的培训师资来自（　　）（多选）

A. 职业院校及科研院所　　B. 公司、企业

C. 行业协会　　D. 政府职能部门

E. 社会培训机构

F. 本地能人（如家庭农场主、带头人等）

G. 其他

14. 您希望的线上培训平台（　　）（多选）

A. 下载专用直播软件　　B. 微信小程序

C. 网站　　D. 群直播

E. 其他

15. 您希望线上培训时长（ ）

A. 3 天及以下 B. 3～7 天

C. 7～15 天 D. 15 天以上

16. 您希望的培训直播时间是（ ）（多选）

A. 7～9 点 B. 9～12 点

C. 12～15 点 D. 15～18 点

E. 18～21 点 F. 21 点以后

17. 您认为线上培训的优势有（ ）（多选）

A. 不受时间、地域的限制 B. 直播听课并实时互动

C. 可重复播放录播视频 D. 可自由安排时间学习录播

E. 可在线答疑 F. 可结交各个地方的同仁

G. 其他

18. 您认为线上培训的缺点是（ ）（多选）

A. 没有课堂氛围 B. 缺乏与老师的直接交流

C. 信息量大，查阅不便 D. 无法与同学现场互动交流

E. 有时网络因素会影响上课效果 F. 没有踏实感

G. 很难把上课笔记写全 H. 其他

19. 请问您如何获得线上培训信息（ ）（多选）

A. 电视及报纸杂志 B. 县、乡镇通知栏、社区公告栏

C. 政府组织机构 D. 亲朋好友介绍

E. 网站 F. 微信群、朋友圈

G. 培训机构 H. 海报、链接

I. 其他

20. 您当前参与线上培训的困难有（ ）（多选）

A. 没有时间

B. 手机配置限制，有时无法下载软件

C. 操作手机不娴熟，不会使用

D. 有时需要花钱买课程

E. 没有网络，使用数据流量消费高

F. 网络信号不好

G. 长时间观看视频眼睛不舒服，容易身体不适

H. 打字困难，无法参与互动交流

I. 其他

四、温州科技职业学院关于创业型职业农民学历教育情况的调查问卷

1. 您的性别为(　　)

A. 男　　B. 女

2. 您的年龄为(　　)岁

3. 您的教育程度为(　　)

A. 小学及以下　　B. 初中

C. 高中　　D. 中专

E. 大专　　F. 大学本科及以上

4. 您目前在温州科技职业学院接受什么形式的学习(　　)

A. 全日制高职教育　　B. 全日制“学历＋技能”学历教育

C. 温州农民学院专科教育　　D. 短期农民培训

5. 您父母从事的行业为(　　)

A. 农业　　B. 工业

C. 销售业　　D. 其他

如果您父母从事农业，具体从事哪一类型(　　)

A. 种植业　　B. 养殖业

C. 加工业　　D. 其他

产业规模为：种植面积(　　)亩；养殖规模(　　)头(羽，尾)；年加工(　　)吨

6. 您的家庭人口数为(　　)

A. 3 人以下　　B. 3～4 人

C. 5～6 人　　D. 7 人及以上

从事农业人口为(　　)人

7. 您是通过什么途径了解到温州科技职业学院的(　　)

A. 高中学校宣传　　B. 招生机构宣传

C. 亲戚、朋友、父母介绍　　D. 网站、微信公众号了解

E. 电视、报纸等媒体宣传

8. 您报考温州科技职业学院的初衷是(　　)

A. 个人兴趣爱好　　B. 继承父母产业

C. 获得学历学位证书　　D. 知识技能提升

E. 打发时间　　F. 其他

9. 您报考温州科技职业学院的途径是(　　)

A. 招生机构代报名　　B. 朋友帮助报名

C. 农办(农业局)报名　　D. 自己来学校报名

E. 父母或朋友通过参加培训,对学校有所了解,然后推荐报考

F. 其他

10. 您是否有熟悉的人在温州科技职业学院或温州农民学院就读或参加过培训(　　)

A. 有　　B. 无

如果有,是(　　)

A. 父母　　B. 兄弟姐妹

C. 亲戚朋友　　D. 同学

E. 其他

他们对学校各方面是否满意(　　)

A. 满意　　B. 较满意

C. 一般　　D. 不满意

11. 您参加过哪些培训机构组织的培训(　　)

A. 省级农科院　　B. 省级农业大专院校

C. 地市级涉农部门　　D. 县级农技术推广部门

E. 乡镇农技中心　　F. 农民专业合作社

G. 涉农企业　　H. 民间培训机构

I. 其他

12. 您认为最有效的学习方式是（　　）（多选，限选 2 项）

A. 课堂理论学习　　B. 技术研讨会

C. 专业技能培训　　D. 现场考察与同行交流

E. 看录像与光盘　　F. 网络远程教育

G. 专家现场考察指导

参考文献

[1]吴剑.我国农业产业化进程中政府角色转换存在的问题与对策研究[D].湘潭大学,2010.

[2]刘葆金.中国农业产业化理论探析[J].南京农业大学学报,1999,22(4):92—96.

[4]黄丽萍.农业产业化进程中的政府行为[J].福建教育学院学报,2001.2:9—12.

[3]辛逢春.我国农业产业化存在的问题与对策[J].安徽农业科学,2008,36(4):1663—1664.

[5]邹君华.我国新型职业农民成长机制研究[D].信阳师范学院,2016.

[6]李伟.新型职业农民培育问题研究[D].西南财经大学,2014.

[7]王洁琼.基于新型农业创业人才的生态系统构建及运行机制研究[D].武汉理工大学,2018.

[8]纪文婷.我国新型职业农民培育政策的萌发与完善[D].湖南农业大学,2015.

[9]李晓晨,李胜超.政策工具视角下的农民就业创业政策研究——基于2004—2018年的文本量化分析[J].青岛科技大学学报(社会科学版),2019,35(2):62—68.

[10]彭志武.中国农民创业培训政策的回顾与展望[J].高等继续教育学报,2019,32(3):44—47.

[11]王羽菲,祁占勇.新中国成立70年来我国农民职业教育培训的嬗变轨迹——基于政策与法律文本的分析[J].职业技术教育,2019,40(36):19—28.

[12]高学贵.我国农民教育政策发展研究[D].西南大学,2011.

[13] 樊梦瑶,张亮.新中国成立 70 周年中国农民培育的变迁与展望[J].中国职业技术教育,2019(24):21－27.

[14]郝大江.我国“农民职业化培训”市场化改革研究[J].哈尔滨商业大学学报(社会科学版),2017(3):98－106.

[15]李美青.国内外农民创业模式比较研究[D].吉林大学,2011.

[16]王贻术.我国家庭农场发展研究[D].福建师范大学,2015.

[17]李丹.我国家庭农场发展现状、问题及对策研究[D].福建农林大学,2017.

[18]郭家栋.中国家庭农场发展研究[D].上海社会科学院,2017.

[19]高浩翔.现代青年农场主政治素养研究[D].安徽农业大学,2017.

[20]杨灿君,曹鹏,姚兆余.家庭农场主的企业家能力发展困境及原因[J].黑龙江农业科学,2016(12):121－126.

[21]王莹丽.创业能力、创业榜样对家庭农场创业绩效的影响研究[D].华中师范大学,2017.

[22]罗志辉.创业拼凑、创业学习与家庭农场创业绩效关系研究[D].湖南农业大学,2018.

[23]马俪.中部地区家庭农场创业环境研究[D].华中师范大学,2018.

[24]魏珍.城市民宿创业计划分析:兼论民宿业的定位与前景[D].南京大学,2017.

[25]张隆斌.乡村民宿产业经营绩效实证研究[D].福建农林大学,2019.